文化を育む

# ノルウェーの図書館

物語・ことば・知識が
踊る空間

マグヌスセン矢部直美
吉田右子
和気尚美

オスロ大学人文学図書館館内

新評論

❶多くの学生が毎日通う図書館の入り口（オスロ大学人文社会学図書館）

❻インパクトがある公共図書館の概観（トンスバルグ・オ・ノッテルオイ図書館）

❷主題別に自動仕分けされる自動返却機（オスロ大学人文社会学図書館）
❸家庭の居間のようにくつろげる（レア分館）
❹学校から公共図書館に訪れて本を選ぶ子どもたち（トーショーヴ図書館）
❺わかりやすい書架案内（ドランメン図書館）
❼美しさと実用性が両立する展示家具（トンスバルグ・オ・ノッテルオイ図書館）
❽大きくはっきりわかりやすいサイン（ドランメン図書館）
❾図書館は文化の中心地（ドランメン図書館）

❿読書が困難な利用者のためのコーナーへのサイン（トロムソ図書館）
⓫伝統音楽とジャズのコラボレーション　写真提供：アルタ図書館
⓬ブックボート・エポス号　写真提供：ソグン・オ・フォーラネ・フィルケ図書館
⓭オスロ大聖堂は街のシンボル
⓮オスロフィヨルドに面したオペラハウス

# はじめに——隠れた図書館大国ノルウェー

（吉田右子）

最初にノルウェーの首都オスロを私が訪問したのは、二〇〇六年八月のことだった。「神の庭」を意味すると言われるオスロは、オスロ・フィヨルドのもっとも奥にある静かな街である。「北欧のラテン」と呼ばれる、にぎやかなデンマークからこの街に移動してきた私には、オスロの静けさがとても印象に残った。

私が研究領域としている公共図書館の世界では、北欧の図書館は、サービスのレベルや利用率の高さにおいてとても高く評価されている。そして、これまでに多数の研究者がそれらの国々の図書館の様子を報告してきた。それゆえ、日本からはとても遠い北欧の国々の図書館の様子を日本で知る機会はこれまでに何度もあった。

ただし、紹介される常連国は決まっている。安定した図書館制度をもつデンマーク、教育成果の躍進が注目を集めるフィンランド、社会福祉制度のなかにしっかりと図書館が位置づけられるスウェーデン、この三か国である。なぜか、そこにノルウェーが登場しない。そのため、ノルウェーの図書館がこれらの国々に負けないほどの図書館大国であることがほとんど知られていない。

おそらく、ノルウェーと聞いて読者の方々が真っ先に思い浮かべるのは、切り立った岸壁と真っ青な海面で知られるフィヨルドであろう。その険しいフィヨルド地域に住む人びとに本を届けるために、本を積んだブックボートが峡谷を縫うように運航されている。起伏に富む国土の隅々にまで、図書館ネットワークが張りめぐらされていること、資料の電子化をいち早く進めて図書館サービスと連動させていること、どこにいても同じレベルの図書館サービスがいつも安定的に受けられることなど、ノルウェーの図書館から学ぶことはとてもたくさんある。

ノルウェーは隠れた図書館大国なのである。そのことを一人でも多くの人に知ってほしくて、この本を著すことにした。読み終わった読者のみなさんが、デンマーク・スウェーデン・フィンランドの北欧図書館トリオにノルウェーを仲間入りさせて、カルテットとして四か国の図書館を認識していただければ幸いである。


ノルウェーの図書館に関心をもちはじめたころ、知人に一冊の本『*Living Memory*』(Nasjonalbiblioteket, 2006)をいただいた。二〇〇五年、オスロで世界中から図書館員が集まる国際大会が開催されたが、この本は、会議の開催にあわせてノルウェーの図書館を紹介すべく、ノルウェー国立図書館(Nasjonalbiblioteket)が刊行した資料であった。

この本には、付録としてCD-ROMがついていた。そこには、二〇世紀初めのノルウェーの様子を伝える記録ビデオや、かつて放映されていたテレビ番組の一部、ラジオ番組、映画の一部など国立図書館に所蔵されている音源、映像フィルムが収められていた。国立図書館の収蔵物を通じて、ノルウェー文化の歩みを理解することができるようになっているとても興味深い本だった。

だが、私がこの本で一番ひかれたのは、CD-ROMの一番最後にひっそりと収録されていた前衛的なダンスだった。ダンスの演目は「しーっ！　静かに！（Hysj!）」。国立図書館は国際大会にあわせて改装工事をしていたのだが、その工事が終わり、二〇〇五年八月一五日に図書館がリニューアルオープンしたと

国立図書館閲覧室でのヒップホップダンス
出典：*Living Memory* のブックジャケット

き、オープニングセレモニーとしてこのダンスが上演されたらしい。

一〇〇年以上変わらない佇まいを見せている国立図書館の閲覧室で、ダンサーたちは机や本を小道具に、激しくヒップホップを踊っている。「伝統と革新の融合」とまとめてしまうにはあまりに前衛的なそのダンスに、今までの私のノルウェーのイメージは音を立てて崩れていった。つまり、「静かな図書館大国ノルウェー」から「静かで〈ラディカルな〉図書館大国ノルウェー」へと、ラベルを付け替えたのである。

ところで、二〇一二年八月、ノルウェーでもっとも購読数の多い全国紙〈アフテンポステン〈Aftenposten〉〉に、ある大学教授が「大学図書館は必要だろうか?」という記事を投稿して図書館界に議論を巻き起こした(一八一ページ参照)。本は、いまやコンピュータや携帯端末を使ってどこからでも読める時代、本を所有してきた大学図書館の役目はもう終わり、これからは各自がインターネットに接続してそこから必要な資料にアクセスすればよい、というのが彼の主張であった。

たしかに、インターネット上にはいまや多くの学術情報が蓄積されており、電子書籍の刊行も増加の一途をたどっている。私たちは、何かあればまずインターネットで調べることが習慣になりつつもある。でも、図書館は本当に私たちの社会からなくなってしまってもよいのだろうか。

本書では、今までほとんど日本に紹介されてこなかったノルウェーの図書館の全体像を読者のみなさんに伝えつつ、その力強い図書館サービスを現地からの報告を中心に綴っていきたい。そして、図書館に突きつけられたこの大きな問いについて考えていきたいと思っている。

図書館と一口に言っても、高度な学術情報を扱う大学図書館、学校内に設置され生徒の学習を支援する学校図書館、生涯学習施設である公共図書館などがあるのだが、本書ではこれらすべての図書館を扱っている。というのも、ノルウェーでは大学図書館・学校図書館・公共図書館はそれぞれ固有の役割を果たしつつも、館種を越えた図書館サービスを行っているからである。

それぞれがネットワークで結ばれて資料のやり取りをしていることは言うまでもないが、それに加えて、たいがいの大学図書館は地域の住民に開かれているし、多くの学校図書館は公共図書館に併設されている。もっと言えば、館種の垣根がまったくなくなっている図書館さえある。

いったい、ノルウェーの図書館では何が起こっているのだろうか。それを読者のみなさんと見ていくことにしよう。

もくじ

## 第3章 ノルウェー図書館サービスの基盤――歴史・法・制度 137

## ノルウェー概略図と本書に登場する主な図書館

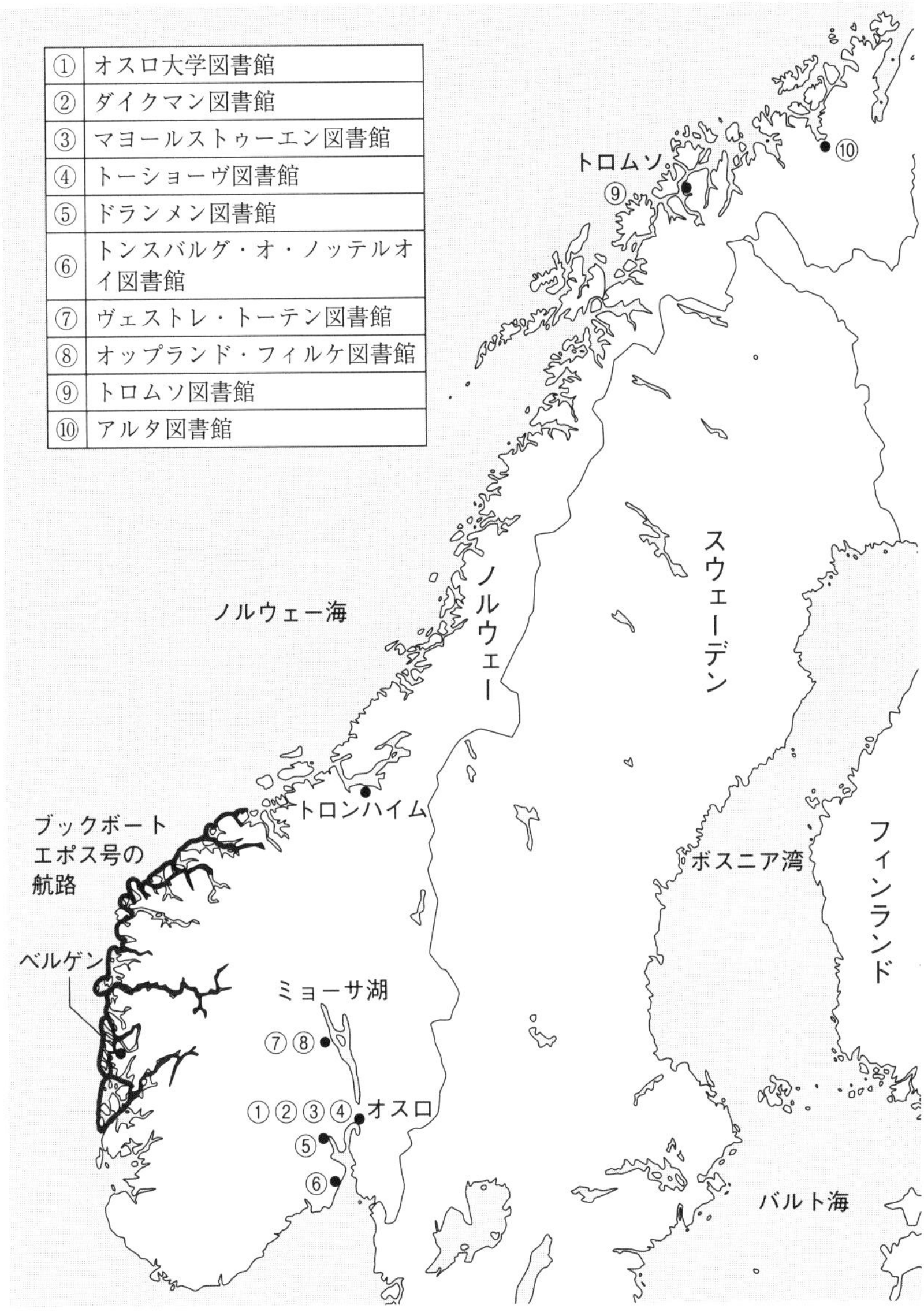

# 文化を育むノルウェーの図書館——物語・ことば・知識が踊る空間

序章

# ノルウェー社会と図書館

マグヌスセン矢部直美

オスロ市庁舎前の労働者の像

# 1 ノルウェーの紹介

ノルウェーは北欧諸国の一つであり、スカンジナヴィア半島の西側半分に位置し、東側のスウェーデンと半島を二分している。左右に平行してスウェーデンと隣りあっているノルウェーだが、この両国は地形が大きく異なっている。山が多く平地がとても少ないノルウェー、スウェーデンから向かうとだんだん山が多くなっていくのが実感できる。

国土面積は日本とほぼ同じで、南北に長いところも日本と似ている。首都のあるオスロから北極圏の街トロムソ（Tromsø）までの距離と、イタリア・ローマまでの距離がほぼ同じくらいである。人口は五〇〇万人を少し超え、北欧五か国のなかではアイスランドについで人口の少ない国である。ちなみに、総人口数は、一位がスウェーデン（約九五〇万人）、二位がデンマーク（約五六〇万人）、三位がフィンランド（約五四〇万人）、四位ノルウェー、五位アイスランド（約三二万人）となっている。

首都オスロはノルウェー最大の都市で人口約六一万人、ノルウェー南西部の港湾都市ベルゲン（Bergen）が第二の都市で人口約二七万人、そして第三の都市は中部に位置するトロンハイム（Trondheim）で人口約一八万人である。

ノルウェーは君主制をとっているが、同時に社会民主主義の国でもある。一九六〇年代の終わりに開発のはじまった北海油田のおかげで経済的には黒字国となり、地方の公共施設にも予算を潤沢に投じることができた時代もあった。しかし、将来に向けた公共機関の予算見直しと節減は、一九九〇年代後半以降、年を追うごとに厳しくなり続けている。こうした状況である以上、地方自治体の管轄下にある図書館もまた予算削減の対象になっている。

地方自治体だが、ノルウェーは「フィルケ（fylke）」と呼ばれる県にあたる行政単位と、「コミューン（kommune）」と呼ばれる基礎自治体からなっている。行政単位をはじめとして、多くの読者にとってはあまり馴染みのないノルウェー王国を知っていただくために、いくつかの特徴を挙げていくことにしたい。

## 民主主義の実現と社会参加

「他人の言論を自由に受け取ると同時に、自分の意見を自由に発信する」という民主主義の基本が何よりも大切にされている国、それがノルウェーである。民主主義社会の実現にとっては社会参加がもっとも有効な手段であるため、労働組合から地域の小さな文化サークルまで、さまざまな社会組織への参加が非常に盛んである。ノルウェーがめざす福祉社会の構築に直接かかわる男女平等、福祉・教育関連団体はとりわけ数が多く、精力的な活動を展開している。

ノルウェー国民は国全体の人口規模が小さいことを自覚しているため、そこに暮らす人びとが協力しあって社会を築き上げていくことの重要性を何よりも強く認識してきた。人口の割にＮＧＯ（非政府組織）やＮＰＯ（非営利民間組織）の数が多く、またこうした団体に携わる人数が多いことがノルウェーの特徴をよく表していると言える。

最近では、環境問題、国際紛争、多様な文化背景をもった人びととの共生といった世界規模での問題に対して、率先してその解決の先頭に立つノルウェーの姿が世界中から注目されるようになった。とくに近年は、パレスチナ問題など国際紛争の場で仲介役としての存在感を高めている[1]ノーベル平和賞の授与国でもある。ちなみに、二〇一二年の受賞はＥＵであったが、他の北欧諸国と異なり、ノルウェーはＥＵには加入していない。

もう一つ、ノルウェーが世界に先駆けて打ち出した重要な考え方に「持続可能な発展（Sustainable Development）」という概念がある。持続可能性が全世界の最重要課題となった現在、国の違いを越えて取り組むべき問題となっているこの概念を初めて提起したのが、ノルウェーのブルントラント首相[2]であったことはご存じであろう。

## 平等の理念と社会政策

何よりも「平等」を重視する国ノルウェー。「平等」に関する考え方は社会理念として定着しているだけでなく、社会政策のなかに盛り込まれている。少しだけ時代をさかのぼって説明していこう。

現在でこそ世界でもっとも性差による不平等が少ない国として認められているノルウェーだが、二〇世紀の半ばには女性の政治家は一割にも達していなかった。しかし、一九七〇年代になると、公務員の過半数を女性が占めるなど女性の社会進出が確実に進んでいった。一九七八年に男女平等法が採択され、国の機関に一定数の女性を配置する「積極的格差是正政策」が導入されている。

さらに、一九九三年には男性を対象とした育児休暇が設けられた。また、取締役会において女性が四〇パーセントいなければならないことを定めた改正会社法により、政界・財界の女性の比

(1)　国際紛争の場での仲介役と言えば、一九九三年のイスラエルとパレスチナ解放機構（PLO）の間で取り交わされたオスロ合意（正式名称は「パレスチナ暫定自治に関する諸原則合意」）は、その象徴とも言える有名な出来事であった。九月一三日の調印日までの事前交渉はオスロにおいて完全な秘密裏のもとに行われ、世界中の注目を集めた。この交渉において重要な役割を果たしたのがノルウェーの非政府組織 Fafo（Fagbevegelsens senter for forskning）である。Fafo は、一九八二年に労働組合連合の研究センターとして発足した社会科学研究センターを前身機関とする。一九九三年に Fafo として独立研究機関となり、社会福祉や通商政策、公衆衛生、移民問題などの学際領域についてノルウェー国内および国際的なフィールドで研究活動を展開している。

(2)　(Gro Harlem Brundtland) 一九三九年オスロ生まれの政治家。世界保健機関（WHO）事務局長を務めたあと、一九八一年にノルウェー初の女性首相となった。首相になる前は、医師を務めながら労働党で活動。

率が増加した。現在、民間の上場企業における女性取締役の比率は四〇パーセントを超え、政治の場でも約四〇パーセントを女性が占めている。

ノルウェーでは、医療施設や教育機関のほとんどが公機関となっている。それは、個人がおかれた社会的・経済的環境によって医療や教育に差がつくのは不平等であり、是正されなければならないという考え方が社会政策の基盤となっているからである。そして国民は、安全や教育・文化にかかわる権利が国によって保障されていることを条件に、高い税金を払っている。もちろん図書館も、文化を享受する権利をまっとうするためにはなくてはならない存在として社会的に認知されている。

## もう一つの特徴は多様性

ノルウェーに住む人びとがそれぞれもっている文化的・言語的・民族的多様性の尊重、これが平等とともに挙げられるこの国の特徴である。

まず、言語の多様性について見てみると、人口五〇〇万人程度の国であるにもかかわらず三つの公用語が存在している。都市文化の言語として発達した「ブックモール（bokmål）」、各地の方言をもとに発達した「ニーノシュク（nynorsk）」、それに「サーメ語（Sámegiella）」（サーミとも表記される）である。ノルウェー語のなかに「ブックモール」と「ニーノシュク」という二つの言語の使用者が混在し、それぞれが公用語として認められているということは、ノルウェーの文化的多様性の象徴とも言える。

多くの人びとは、書き言葉として発展したデンマーク語の影響の強いブックモールを使っている。一方、より濃く方言を反映しているニーノシュクのほうは、使用者は少ないものの、教科書は必ず二種類の言語で出版することが義務づけられている。というのも、各学校がどちらを主な言語として教えるかは、各コミューンが住民の声を反映して決定しているからである。現在のところ、ニーノシュクの教科書を採用している学校は約一五パーセントである。

サーメ語は北欧の先住民であるサーメ人によって話されている言語で、一九九二年にノルウェーの公用語として認められた。サーメ人は、ノルウェー、フィンランド、スウェーデンの北欧三か国と、ロシアのコーラ半島（Kolahalvøya）にまたがって居住する少数の先住民族である。ノルウェーでは、主にトロムス・フィルケ（Troms fylke）やフィンマルク・フィルケ（Finnmark fylke）など北部に居住し、狩猟・漁業・トナカイ飼育を伝統的に生業としてきた。

一九世紀に学校教育から排除されたサーメ語の復権は、第二次世界大戦後にはじまった。そして、一九八〇年代に本格的な文化擁護運動となり、サーメ語での学校教育などが開始された。北部において伝統的な生活をしているサーメ人をはじめ、今ではノルウェー各地の都市に移動し、そこで生活をしているサーメ人もかなりの数に上っている。

## コラム1　三つの公用語をもつノルウェー

公用語となっているブックモールとニーノシュクだが、両者の存在はノルウェーの文化事情に大きな影響を与えている。日常的には、ブックモールが圧倒的に多く使われている。一方、方言をもとにつくられた書き言葉であるニーノシュクのほうは、文学的な響きのある言語と考えられていることもあって、詩などにおいて多用されている。ニーノシュクを使う人には言語意識の高い人が多いので、少数派ではあるが、言語に対する誇りがとても高くなっている。それゆえ、ニーノシュクの作品のみを上演する劇場もオスロ市内にある。

ちなみに、テレビやラジオのニュースは両方の言語で伝えられている。ニュースキャスターが２人いる放送番組のなかでは、一人がブックモールを使い、もう一人はニーノシュクを使うというような配慮がされている。もちろん、テロップも両言語が流れている。あえて日本にたとえると、関西弁と標準語を話す２人のキャスターが NHK のニュースを報道しているという感じだろうか。つまり両言語は、ノルウェー社会のなかではごく普通に混じり合っているということである。

一方、サーメ語の放送は、時間を決めてニュースを流したり、子ども番組がつくられている。そのほかにも、サーメラジオという専用の地方放送がある。

南北に長いうえにフィヨルドで入りくんだ海岸線や山岳で構成されているノルウェーでは、各地域の独立性が高いために、地域ごとに豊かな方言が生み出されてきた。生まれた地、そして育った環境で身に付いた方言は人格の一部と理解されており、大人になってオスロに住居を移したとしても出身地の方言を使っている人が多い。

多様性について論じる以上、移民についても触れなければならない。ノルウェーには、すでに多くの移民が暮らしている。その数は、オスロではすでに全住民の約二〇パーセントを占めるに至っている。多様な言語と多様な民族を尊重することは、現在のノルウェー社会においてもっとも重要な課題となっており、少数話者言語や文化を公的に認めるだけでなく、教育支援や出版助成といった具体的な施策を通じてこれらの文化を保持しようとしている。

資料の提供を通じて多様な文化的価値を利用者に伝えていくことを使命としている図書館にとっても、文化面における多様性の尊重は重要な理念となっている。と同時に図書館は、幅広いコレクションとそれを使用するために訪れる多様な人びとによって、ノルウェー社会の多様な文化を映し出す鏡となっている。

## 新しいデザイナー集団

厳しい自然に囲まれた暮らしによって育まれたノルウェー人の寡黙さや純朴さが、この国の気質として指摘されることが多い。一見すると、そのような性質と相反するように見えるが、ほかの北欧諸国に比べて独立してからの年月が浅いこともあって、ノルウェーは進取の気性に富んだ人びとがつくりだした「若い国家」とも言える。図書館に関して言えば、最先端の情報技術をサービスに取り入れるスピードは北欧諸国のなかでも一番早い。

こうした特徴がよく現れているのはデザインの分野かもしれない。北欧諸国は、どの国でも卓越したデザイナーを輩出してきた。たとえば、デンマークは家具の分野で、スウェーデンはテキスタイルの分野で世界的に評価されている。両国の陰に隠れてしまっているものの、ノルウェーのデザイナーも世界中で活躍していることを忘れてはならない。一九九九年に結成されたデザイングループ「ノルウェーセイズ（Norway Says）」は、家具、照明器具、電子機器などの分野において、ノルウェーらしいシンプルで斬新なデザインによって海外で高く評価されている。

とりわけ、躍進が目覚ましいのが建築の分野である。ニューヨークの世界貿易センタービル跡地に建てられているメモリアル施設、オスロのオペラハウスを設計したのはノルウェーの建築事務所スノーヘッタ[3]である。図書館界では、世界最古の図書館とも称せられるエジプトのアレクサンドリア図書館[4]の復興の際、この事務所が設計を手掛けたことも有名である。

オスロの新しい観光名所として賑わうオペラハウス

ここまで、地理、政治、文化におけるノルウェーの特徴を簡単に見てきたわけだが、実際にノルウェーの人びとはどのような暮らしをしているのだろうか。遠い国ノルウェーを身近に感じていただくために、以下では四季折々の暮らしの様子を紹介していくことにする。

アレクサンドリア図書館
写真：ゲラルト・ツークマン

（3）（Snøhetta）一九八九年にオスロで創設された建築、ランドスケープ・アーキテクト（景観設計）、インテリア・デザインなどを扱う国際的な設計事務所。アメリカ、中東、アジアの各地のプロジェクトを一〇〇名以上の建築家・デザイナーが展開している。二〇〇四年の新アレクサンドリア図書館の設計で、アーガー・ハーン建築賞（Aga Khan Award）を受賞している。

（4）紀元前三世紀初頭、プトレマイオス朝エジプトの首都アレクサンドリアに造られた古代ギリシャの文献を集めた図書館。四世紀末に破壊されたが、ユネスコとエジプト政府の共同復興事業により再建され、二〇〇二年に「新アレクサンドリア図書館（Bibliotheca Alexandrina）として開館した。公式サイト http://www.bibalex.org/home/default_ar.aspx

# 2 ノルウェーの四季

## 冬

いつまでも暮れない夏の明るい夜とは対照的に、秋が深まりはじめると暗い時間帯が日に日に長くなっていく。日照時間が短くなったことをもっとも実感するのは秋分の日あたりだろうか。一一月に入ると、朝、自宅を出るときも、仕事場を出る時間も真っ暗。そんな暗い早朝に真ん丸な月が浮かんでいることもある。一〇月後半には雪が降りはじめるのだが、雪が積もったほうが雪明りでほんの少し明るくなるので、真っ暗よりもいいと考える人も多い。だから、一年で一番暗い時間が長くなるクリスマスが、ホワイトクリスマスになってくれることをみんなが願っている。多くの人びとにとってクリスマスは、暗くて重たい毎日を乗り越えるための灯りのようなものなのだ。

暗い時間が日を追うごとに長くなるこの時期、クリスマスのことを考えたり準備したりすることが気持ちの支えでもあるのだが、これは、ノルウェーにかぎらず冬の長い北欧の国々の習慣とも言えるだろう。職場では、一一月に入ると日本の忘年会にあたるクリスマス前の会食が恒例行事となっている。「一年間お疲れさま。また来年もよろしく」という気持ちを込めた親睦会である。

　さて、街に住んでいる人は、この時期の慣例となっている屋外の店でクリスマスツリーを買うのだが、田舎に住んでいて、木を切る権利をもっている人は森に出掛けていってクリスマスツリーに適切な木を切り出してくる。ちなみに、ロンドンのトラファルガー広場(5)のクリスマスツリーは、ノルウェーからイギリスに送られたものである。第二次世界大戦中にノルウェーがイギリスから受けた厚情に対するお礼であり、現在でもその慣習が続いている。

　ナチス・ドイツに占領されていた時代、ロンドンにノルウェーの臨時政権があり、ナチスへの抵抗運動の拠点となっていた。また、一九〇五年にノルウェーがスウェーデンから独立した際に迎えたホーコン国王(6)はデンマークの第二王子だったが、王妃のモード（Maud of Wales）はビクトリア女王の孫娘であり、イギリスとノルウェーとのつながりは深い。

---

（5）（Trafalgar Square）ロンドンの歴史的建造物や旧跡が集まるウェストミンスター（Westminster）にある広場。国会議事堂やウェストミンスター大聖堂などを訪れる観光客で常に賑わっている。さまざまなカルチャーイベントに加えて、政治集会も行われている。

（6）（Haakon VII・一八七二～一九五七）デンマーク王フレゼリク八世（Frederik VIII）とスウェーデン王カール一五世の娘ロヴィーサ（Lovisa av Sverige）の次男として生まれる。一九〇五年、ノルウェーがスウェーデンから独立したときに国王に選ばれ即位した。

一一月半ばともなると、街中でもクリスマスの飾り付けがはじまる。赤、緑、白が基調になっているが、派手すぎず、落ち着いた感じを醸し出しているところがノルウェーのクリスマス飾りのいいところである。

もちろん、図書館にもクリスマスの雰囲気が高まってくる。公共図書館では「お菓子の家」を飾ったり、子ども向けのクリスマスカレンダー（Adventskalender）をつくってウェブサイトで公開する図書館も多い。普段はお固い学術図書館にも廃棄図書を使った見事なクリスマスツリーがお目見えし、館内を睥睨（へいげい）する彫像にサンタクロースの帽子が載せられたりする。

暗い街に現れるクリスマスの飾りは、どこか人の心を温めてくれる。書店にもプレゼント用に出版された多くの本が並び、豪華でカラフルな本も

上：クリスマスリースを手づくりする家庭もある

左：廃棄予定の図書でつくられたクリスマスツリー。側にガイコツが置かれているのは医学図書館ならではのブラックユーモア

写真：エルセ・ダーグフリー・ブラットランド　オスロ大学図書館

たくさん販売される。クリスマス前に書店でプレゼント用の本を買うと、購入後でも交換が可能なカードが入っているから、たとえプレゼントで同じ本をもらってしまっても心配することはない。

一一月になると、気の早い人はクリスマスのクッキーづくりをはじめる。昔から、「クリスマスには七種類のクッキーをテーブルに並べる[7]」と言われていることもあって、早くから準備しないと間に合わないのだ。週末に友達や親戚が集まって、ワイワイガヤガヤと一緒にクッキーを焼くことを恒例にしている人たちもいる。

「ペッペルカーケ（pepperkake）」と呼ばれる、さまざまな香辛料の入ったジンジャークッキーは、クリスマスクッキーの定番である。ハートあるいは人や動物の形に焼いて、ツリーや窓に吊して飾りにしたり、板状に焼いてから、粉砂糖を水で溶いたものを糊にして家の形に組み立てたりもする。ドイツの民話「ヘンデルとグレーテル」に出てくるお菓子の家を知っている人も多いだろうが、それと同じように、テーブルの上に載るぐらいの大きさのお菓子の家を一家総出でつくっている。

こんなににぎやかなクッキーづくりだが、今のノルウェー女性は仕事をしているのが普通だから、

---

（7）クッキーの種類は、七種類どころかそれ以上にたくさんある。食生活があまり豊かでなかった昔、クリスマスは豪華にということで「せめて七種類ぐらいは用意してデザートもにぎやかに！」という気持ちから来た風習。

クッキーを買って済ませる人も増えてきた。

一二月二四日の昼間、多くの人が亡くなった家族の墓地に参り、ロウソクに灯りを点している。ロウソクの灯がまたたいている墓地の光景、想像できるだろうか。クリスマスの礼拝のときだけ教会に行くというノルウェー人もまだ多い。ルーテル派の教会に日曜日ごと通うという熱心な人は減っている。もちろん、生まれてきた子どもに洗礼をする家庭はあるが、多くの場合、宗教的行事というよりは日本でのお宮参りと同じような文化的な習慣ととらえている人のほうが多い。毎週、日曜日に教会に行っているのは主に年配の人である。

クリスマス休みは一二月二四日の午後から二六日までで、その後はカレンダーのうえでは平日となるが、新年までの間、勤務時間が短いところも多い。一二月三一日と一月一日は休みだが、二日からはごく普通の日に戻る。このころ、クリスマスツリーの周りでクリスマスの歌を歌ったりお菓子を食べたりするという「クリスマスツリー・パーティー（Juletrefest）」が行われる。

先にも述べたように、クリスマスのために各家庭でクッキーやケーキをたくさん焼いているので、その残りを持ってきてみんなで分けあって楽しむのだ。保育園（barnehage）で開かれたり仕事場で行われることも多いため、学校が休みだったら職場に子どもたちを連れてくる。ちなみに、クリスマスツリーはどんなに遅くとも一月一三日には飾りをはずして片づけられる。

一二月も半ばになるとすっかり日が長くなり、雪もほどよく積もっているから、スキーやスノーボードを抱えた人たちの姿がオスロ市内の電車でしょっちゅう見られるようになる。仕事や学校が終わったあとに、ちょっとノルディックスキーを楽しむという光景は、この国では特別なことではない。つまり、ジョギング感覚でノルディックスキーをする人が多いのだ。照明つきのスキーコースもあるので、万が一途中で暗くなりはじめても迷わずに帰ってこれる。人によっては、家から職場までをスキーで往復する人もいるぐらいだ。

ノルウェーでは、スキーが冬の日常生活のなかにしっかりと溶け込んでいる。寒い時期に努めて外に出る機会をつくろうとしているのは、長い冬を何世代にもわたって生きてきたノルウェー人が、この季節の暗さや寒さに押しつぶされないようにするための知恵かもしれない。

## 春

春らしさを感じるのは、雪が解けてユキワリ草が顔を出しはじめるころだ。三月に入るとさらに日が長くなり、たとえまだ寒さが続いていても人びとの顔がだんだんと穏やかな

スキーを持ち歩く風景を、通勤通学時にもよく見かける

笑顔になってくる。太陽の力をこれほど実感するときはない。

　街中では、日差しさえあれば、厚い外套を着込んでカフェの屋外の席に座って、コーヒーはもちろんのことビールを楽しむ姿も見かけられるようになる。オスロ市庁舎の向かいにある繁華街であるアーケルブリュッゲ（Aker Brygge）で、日差しを浴びながらくつろぐ人たちの姿が目立ちはじめるのもこのころである。

　春分の日を過ぎたころから日照時間がぐんぐん長くなり、三月の終わり、夏時間に時計をあわせる時期には夜の七時を過ぎても外は完全に暗くならない。長い冬を乗り越え、日差しの眩しい夏に焦がれる多くのノルウェー人にとって、この時期はまさに「正しい季節（riktig årstid）[8]」に向かっているときなのだ。その一方で、残り少なくなってきた雪を惜しむかのように、郊外に出掛けてノルディックスキーにいそしむ人もいる。

　三月末から四月初めの祭日「イースター（påske）」が終わるまでは、どんなに暖かい日が続いても雪の降る可能性がある。だから、休みになると山に出掛けてスキーを楽しむ人も多い。夏が本格的にやって来る前に「すべり納め」というわけで、休暇が終わったあとの出社日、春スキーですっかり日焼けをした人が結構いる。日光を浴びる必然性は、一度暗い北欧の冬を経験する

オスロ・フィヨルドを臨むアーケルブリュッゲを散歩する人びと

と身をもって知ることができる。

イースター休暇を街で過ごすという人も少なくない。まだ寒いのに、庭やベランダでバーベキューをはじめるという気の早い人もいれば、日本の気温から考えると「日なたぼっこ」と言ったほうがよいぐらいの天候のなか、日光浴と称して屋外で読書や勉強したり昼寝をする人もいる。

五月一七日は、ノルウェーの憲法記念日である。一八一四年のこの日に、スウェーデン統治下においてノルウェー自国の憲法が認められるようになったことから、独立記念日としての意味合いを含んでいる。気楽な服装を好むノルウェー人であるが、この日ばかりはジーンズで外に出ることがはばかられる。オスロ市内をはじめ各地では子どもを中心としたパレードがあり、それを見に来る人たちも、それぞれにブーナッド（Bunad）という色とりどりの刺繍を施した民族衣装で街に繰り出してくる。

ブーナッドは、地域ごとに色や形、衣装に施される刺繍や、一緒に身に付ける装飾

憲法記念日を祝うパレード（オスロ）
写真：ナンシー・ブント / Visitnorway.com

（8）明るく、暖かい季節に向かっていく喜びを心身ともに感じることのできる季節という意味。

品に特色があり、そのデザインを見ればどこの地方の衣装かが分かるようになっている。オスロでは住民の二〇パーセント近くが移民であるため国際色が豊かなものとなっている。他国の文化背景をもつ人のなかには、このパレードに出身国の民族衣装をまとって参加している人もいる。とても華やかな一日で、国の誇りを春の訪れとともに讃えているかのようである。

## 夏

ノルウェーの夏は突然やって来る。昨日までセーターを着込んで震えていたというのに、突然、すばらしい天気になる。冬と夏の間、つまり春の期間が短く、いつが春なのだかよく分からない年もある。

オスロあたりでは、七〜八月でも摂氏二五度を超える日は数えるほどなので、二〇度を超えると夏日と認識される。一年中人気のあるアイスクリームだが、この時期はとくに需要が増える。濃くのあるアイスクリームはそれだけでも十分食べごたえがあるが、この時期に旬を迎えるベリー類と一緒に食べるとまた格別な味がする。

お天気さえよければ、北欧の夏ほどすばらしい時期はない。日差しの強い日でも、日陰に入れば湿気も少なくて過ごしやすい。そして、いつまでたっても空が暗くならず、延々と続く夕暮れのような宵を屋外で過ごすことができる。普段は、「早くベッドに行きなさい」と言われる子どもたちも、夏休みの間は遅くまで遊ぶことが許されている。夜の八時でも、ライトを点けずに自転車で走り回れるような明るさだ。大人たちも、陽の明かりがあるうちは散歩をしたり、ボートを水上に走らせている。

学校は、夏至の少し前から休みに入る。六月半ばころからは学年の締めくくりの時期に入り、授業は少なくなり、父母も交えてさまざまな行事が学校で行われるので子どもも大人も何かと忙しくなる。六月は、日本でいうと学年が終わる年度末にあたるので、学校での活動、さらには学校外でのいわゆるお稽古ごと[9]の発表会も行われるからである。子どもたちは音楽の演奏やダンスなどの出し物の稽古に、そして大人たちは、学校に持っていくケーキの分担を決めたりといった雑事に追われるシーズンである。

(9)　ノルウェーには学校でのクラブ活動はなく、子どもたちの多くはコミューンが提供する音楽やスポーツの教室（Kulturskole）に通っている。

オスロフィヨルドでのんびりと釣りを楽しむ人びと

学校行事が全部終わると、六週間の夏休みに入る。多くの家庭では、両親が交互に休みをとって子どもと休みを一緒に過ごせるようにしている。すでに退職している祖父母の助けを借りて、何週間か山や海辺にある「ヒュッタ（hytta）」と呼ばれるセカンドハウスに子どもを送ったりする。夏はいつも決まったヒュッタで過ごすという習慣が、大人になっても続けられている。自然に囲まれたヒュッタの周りには、いろいろなベリー類が生えていたり、野菜を植えている人もいる。夏の長い日差しを受けて果物も野菜もよく育ち、特別おいしく感じられる。

とはいえ、ヒュッタで過ごせないという家庭もある。そのような家庭では、子どもを学童保育に預けて、両親の仕事の都合がつく二～三週間の夏休みを子どもと一緒に過ごしている。

夏休みの旅行先と言えば、今述べたように、ヒュッタが何と言っても一番だが、最近では、海外旅行に出掛ける家族も多くなった。家族そろって外国の文化に触れるということは、子どもたちにとって、学校で習いはじめた外国語を実践で使えるよいチャンスとなる。ちなみに、近年の経済状況からして、家族全員での旅行は、外国で過ごしたほうが物価の高いノルウェーにいるよりも安くつくという現実的な事情もあるかもしれない。

ノルウェーでは、年間の有給休暇は五週間となっている。多くの職場では、夏の休暇を三週間、冬の休暇は一週間まとめてとることが保障されている。休暇をとるのは、権利であるとともに義務でもある。このような休暇、実はカップルや家族の関係が試される時期でもある。

普段は仕事や学校に多くの時間をとられ、家庭での生活が追われるようにすぎていき、細かいことにかかわってい る暇がない。しかし、休暇となると数週間の間ずっと家族とともに過ごすことになる。楽しいこともたくさんあるが、やはり毎日顔を合わせていると意見の違いが明らかになってケンカをすることもままある。そのため、休暇を終えるころには関係を解消するカップルが出てくる。そのため休暇は、カップルが試される時期となる。

夏の間は休暇をとる人が多いので、当然、仕事に支障が出ることになる。そこで、多くの職場では、正規スタッフの休暇中に臨時で働いてくれる人を募集することになる。応募する人の多くは学生で、夏休みのすべて、あるいはそのうちの何週間かを働いて収入を得、学期中の出費の足しにしたり、自らが休暇を楽しむためのお小遣いとしている。職種はさまざまで、カフェやレストランの店員から専門知識が必要とされるものまでたくさんある。

上：夏だけ営業する屋外プール

右：高台の絶景でお茶を楽しむ

この臨時の労働は、学生にとっては学んでいる専門知識を現場で活用したり、興味のある職場を経験して就職準備を兼ねるなど、意義のある就職活動ともなっている。また、求人を出すほうも、将来の社員候補者を実際に雇って仕事ぶりを見るよい機会である。夏季の仕事が終わったあとは、評価証を職場に書いてもらう。将来、就職活動をするとき、これは就業経験を証明する大切な書類となる。

八月に入ると、職場に戻ってくる人の数が増えてくる。一方、学校に生徒や学生が戻ってくるのは八月の半ばとなるが、このころ、街に新学期の雰囲気が漂いはじめる。もちろん、まだ日は長い。夏の終わりを惜しむように、仕事から戻って庭仕事に精を出したり、週末には海辺や山に出掛けて夏の終わりの太陽を精いっぱい身体に浴びて、暗い冬に向けての準備をする期間である。

## 秋

秋はいつからはじまるのだろう。早い年なら、八月の終わりには深緑になっていた木々の葉が黄色に色づきはじめる。六月の夏至以降、いつまでも暮れない明るい夜を楽しんできたわけだが、八月も下旬になると暗い夜が再びめぐってくる気配を感じるようになり、夏の終わりが近づいてきたことを認めざるをえない。家を出るとき、早朝の空気もすっかり冷え込むようになり、厚手のコートを着るようになるともう秋である。

残された秋の太陽をなるべくたくさん身体に受け止めようとして、自然のなかに出掛けていく人が多い。夏の間ボート遊びを楽しんだ人は、そろそろボートを陸地に上げて覆いを掛け、やって来る冬の寒さや雪に備えはじめる。ふと気が付くと、霜が降りるようになっている。

九月の終わりごろ、読書の秋にふさわしく「オスロブックフェスティバル」が開催される。目抜き通りのカールヨハン通り（Karl Johans gate）は歩行者天国になり、オスロの街中で、本とそれにまつわる大小さまざまな催しが三日間にわたって繰り広げられる。

二〇一二年九月一四日から行われたフェスティバルの様子をのぞいてみよう。

本の祭典の幕開けはやはり図書館からということで、本祭がはじまる二日前、市内にある複数の図書館で六名の作家による講演会が開かれた。また、初日の夜の九時（！）から、ダイクマン図書館（Deichmanske bibliotek）のエントランスで「本棚の上で踊ろう（Dans oppå bokhyllene）」という催しが行われた。ＤＪが次々と音

寒い時期に暖炉は欠かせない

森から切り出した暖炉にくべる薪

楽を流すなかで、参加者はダンスやお酒を多いに楽しんだ。この夜間プログラムへの入場は無料で、飲み物も低料金で提供されているが、入場者は二〇歳以上に制限されている。

期間中は、出版社による書籍の特別販売から作家の講演会や朗読会、読者との交流会などさまざまな催し物がある。国内最大規模のブックフェスティバルであり、出版各社、書店、ブッククラブ（二五八ページ参照）が協賛し、国内の作家に加えて国外からも作家が招待される。賑やかで、しかも肩の凝らない雰囲気がノルウェーらしいと言えよう。

イベントを少し紹介すると、みんなで編み物をするブース、ノルウェーの歌をコーラスしながら練り歩くマーチ、歴史に詳しいジャーナリストとオスロの街を散歩する企画などがある。路面電車に乗って読み聞かせを楽しむというユニークな催し物があるが、こちらは大人も子どもも大喜びである。書籍関係の出店に混じって、ノルウェーの人たちが大好きなワッフルやコーヒーを売っているブースも多々ある。本好きの人だけでなく、誰もが楽しめるオスロの秋の行事である。

夜９時から開かれたイベント「本棚の上で踊ろう！」
出典：オスロ中央図書館公式サイト
http://www.prosjekt-oslokulturnatt.oslo.kommune.no/article234481-23453.html

八月半ばに本格的にはじまった学校のほうはどうだろう。新学期の行事や新しい学年にようやくなじんできたと思ったら、あっという間に一〇月。上旬の一週間は、小学生から高校生まで一週間の秋休みがある。かつては、家族全員が総出で収穫期となったジャガイモ掘りを手伝うための休みだったそうだが、現在は普通の休みになっている。

ノルウェーの秋は、霧が出て雨がよく降る。お天気のことがよく話題になるノルウェーだが、天気の悪さに文句を言ってばかりいると、「悪い天気というものはない。質の悪い服はあるけれど……」と言われてしまう。つまり、しっかりしたアウトドア用の上着を着ていたら、雨や雪なんて平気というわけである。

そういえば、保育園でも園児はアウトドア用のつなぎを着て、雨だろうが雪だろうが外で遊んでいる。もちろん、少々の雨でもフード付きのヤッケを着て森の中へ散歩に出掛けている。それに、小雨模様での森の散歩は、少し湿った土のにおいがしてまた格別な雰囲気がある。トウヒや松などの常緑樹以外は葉を落とし、落ち葉が敷き詰められたひっそりした森の道を散歩していると、ノルウェーの昔話によく出てくるトロル（**コラム2**参照）がひょっこり顔をのぞかせてくるような感じがする。

キノコ狩りに精を出す人もいる。森に入っても、最初はキノコの存在にあまり気付かないのだが、いったん目に留まると、それからはなぜかどんどんさまざまなキノコが見えてくるから不思議だ。カンタレラ（Kantarell）という黄色のキノコ、スタインソップ（Steinsopp）というマツ

## コラム2　グリム兄弟が高く評価したノルウェーの民話

ドイツに古くから伝わる民話を収集したグリム兄弟は日本でも有名だが、彼らの影響を受け、ノルウェーでも同じように伝承民話を集めて刊行した人物がいる。自然科学者・民俗学者のペーテル・クリスティン・アスビヨルンセン（Peter Christen Asbjørnsen・1812〜1885）と聖職者のヨルゲン・モー（Jørgen Moe・1813〜1882）である。彼らが編纂した『ノルウェーの民話（Norske Folkeeventyr）』（1841年）には、トロル、フルドレ、ニッセ（注）といった、ノルウェーではおなじみの自然界に棲む魔物や精霊がたくさん出てくる。日本でよく知られているのは、図書館での読み聞かせで子どもたちに大人気の『三びきのやぎのがらがらどん』（マーシャ・ブラウン絵、せたていじ訳、福音館、1965年）である。

**民話集に出てくるトロル**
出典：Theodor Kittelsen Skogtroll


（注）トロル（troll）はノルウェーの伝説に登場する様々な種類の精霊の一つ。フルドレは、（huldra）トロルの一種でブロンドの髪をしていて牛の尻尾をもつ。ニッセ（nisse）は、農家の納屋に住んでいるとされる妖精。クリスマスのニッセ（julenisse）が北欧では主流である。

タケに似たキノコが食用キノコの代表で、ほぼ誰にでもまちがいなく見分けがつき、安心して食べられる。

怪しいものは絶対に食べてはいけない。肝臓を痛めたり、場合によっては命にかかわることにもなりかねない。だからこの季節には、郊外のあちらこちらで、キノコ判定資格をもっている人が無料で判定してくれるコーナーが設けられる。あるとき、女性の判定員と話をしていたら、彼女は微妙な笑顔を見せながら次のように言った。

「どんなキノコだって食べることはできるのよ。でもね、なかには人生でたった一度しか食べられないっていうキノコもあるってわけ」

電車駅の近くに設けられたきのこ鑑定コーナー

# 3 ノルウェーの教育と図書館

## ノルウェーの教育制度

ノルウェーの図書館について語る前に、まず教育制度について簡単に触れておくことにしよう(10)。ノルウェーの教育制度は七年制の小学校、三年制の中学校、三年制の高等学校、そして三年制の大学から構成されている。公立学校がほとんどで、私立学校の数は大変少ない。中学卒業の時点で、自分の進路にあった教育コースを選択する必要がある。特定の職業に従事したい生徒は職業専門コースに進み、大学やそのほかの高等教育機関で教育を受けたい生徒は高等教育向けコースに進むといったように、将来の進路にあわせてそれぞれ専門教育を受けることになる。

現在の教育制度は、一九九七年に行われた教育改革に基づいている。この改革を経て、ノルウェーでは、「テーマ中心学習」および「多様な文化の統合」という二つの概念が教育の柱となった。

一つ目の「テーマ中心学習」の特徴は、科目の境界を越えた特定のテーマを重視する点にある。すなわち、定められたテーマについて、自然科学の視点や人文科学の視点など複数の科目で取り上げて総合的に学ぶ方法である。科目ごとに既定の知識を教授する従来の教育方法に比べてテーマ中心学習は効率が悪く、これまで自分の科目だけを担当していた教員たちは、ほかの教員との連携が必要となった。つまり、教える側にとっては負担が大きくなる教育法である。しかし、現代社会のなかで生きていく子どもたちにとってもっとも重要なことは、適切な判断力と物事を総合的に見わたすことのできる広い視野である。テーマ中心学習は、それらのスキルを育むための教育方法として重視されている。

ノルウェーの教育を特徴づけるもう一つは、子どもたちの受ける教育の格差をなくすことである。子どもの能力にあった平等な教育を行うことは一九七五年から教育目標として掲げられているが、一九九七年には、移民やサーメ人など民族的・文化的マイノリティに対して教育上の配慮を行うことについて合意がなされている。

ノルウェーでは、都市を中心に移民が増加している。そのため、教育現場で移民が平等に教育を享受するためにはさまざまな対応が必要となってくる。移民の児童にはノルウェー語の習得が義務づけられているが、それに加えて、母語を第二言語として学ぶ自由が与えられている。学校で第二言語を学ぶことができない場合、公費による学校外での学習の機会も与えられている。ま

---

(10)　ノルウェーの教育については、『ノルウェーの社会――質実剛健な市民社会の展開』（村井誠人・奥島孝康編、早稲田大学出版部、二〇〇四年）所収の安倍オースタッド玲子による「教育制度」（一四九～一六三ページ）を参考にした。

た、サーメ人の子どもたちにはノルウェー語による共通カリキュラムに加え、サーメ人の歴史・文化・言語を教えるためのカリキュラムが用意されている。そして、公用語の一つで使用者が少ないニーノシュクについても、中学校で教えることが義務づけられている。

## 後期中等教育と高等教育

先ほど述べたように、ノルウェーでは中学卒業と同時に自分の将来の進路にあわせたコースを選択しなければならない。一九九四年に教育改革が行われるまでは、そのコースの選択肢が一〇〇以上もあってかなり複雑なものとなっていた。しかも、いったん選択したコースを変更することがとても難しかった。

しかし、改革後は、コースの数が以前の一〇分の一に整理され、職業コースと高等教育コースで共通の教科を設けて相互変更が可能となった。この柔軟性を高めた教育制度への改革によって、職業コースを選ぶ生徒の率が増加した。ちなみに、職業コースへ進んだ場合でも、工科大学など高等教育機関へ進学することが可能となっている。

教育研究省（Kunnskapsdepartementet）に登録されている高等教育機関には、総合大学が七校、学術芸術研究機関が八つ、地方大学が二二校ある。このほかに、ビジネススクールや看護系大学、そして芸術系の大学もある。

これらの高等教育機関は、ほとんどが国立かあるいは公立であり、最大規模のオスロ大学の学生数は約二万七五〇〇人で、毎年増加傾向にある。このなかには、失業者として登録されて、失業保険を受けるよりも学生登録して学生ローンを受けるほうがよいと考えている人もいる。

ほかの北欧諸国や一部のヨーロッパ諸国と同様、高等教育の学費は無料となっているが、毎学期ごとの大学への登録料として日本円で一万円程度が必要となる。入学が許可されると、ほとんどの学生が教科書代や生活費などのために学生ローンを申請する。しかし、その学期に登録した科目の試験に通れば、ローン額のうち四〇パーセントが奨学金となる。つまり、ほとんどの学生が学業終了時点では残りの六〇パーセントのローンを抱えているということである。

二〇一〇年時点で、貸与額は一か月八七六〇クローネ（約一二万二六四〇円）。一年間一〇か月分にすると八万七六〇〇クローネ（約一二二万六四〇〇円）が貸与され、登録科目のすべての試験に受かると三万四〇四〇クローネ（約四七万六五六〇円）が返還不要の奨学金となる(11)。

日本と違って書籍が高価なノルウェーでは、授業において必読図書に指定されている本は大学図書館に置くことが義務づけられている。何とか本代を節約したいという学生は、順番待ちを覚悟して、図書館所蔵の本のみで勉強することも可能ではあるわけだ。

(11)　二〇一一年八月現在、一ノルウェー・クローネは約一四円であり、本書はこのレートで換算している。

ところで、二〇〇一年に行われた大学改革は、ヨーロッパをはじめとした世界中の大学との相互交流を進めることを目的としたものであり、これによって大学制度が大きく変化した。従来、ノルウェーの大学は学問の基礎準備となる約一年のエクスフィル（Examenphilosphicum）のあと、各専攻で約二年間のグルンファグ（grunnfag）、約一年間のメッロンファグ（mellomfag）、約二年間のホーベッドファグ（hovedfag）、約三年間のドクトールグラード（doktorgrad）という独自の課程によって構成されていた。それが二〇〇一年の改革によって、学士課程（bachelor）、修士課程（master）、博士課程（doctor）からなる制度へと再編成された。

この改革の結果、ヨーロッパの国々や北米、アジアの大学との単位互換が可能となり、学生の流動性が高まるとともに留学生が増加するという効果をもたらした。また同時に、大学のカリキュラムを外部に分かりやすく編成し直したり、国内の高等教育システムを統一するための施策も実施されている。

## ノルウェーの生涯学習

次に、公教育以外の学習機会である生涯学習について見ていこう。ノルウェーの生涯学習は、一五〇年ほど前にデンマークから伝えられた「国民高等学校（フォルケホイスコーレ）（folkehøgskole）(12)」までさかのぼることができる。この学校は、生徒と教員間の「生きた言葉」によるコミュニケーションを通じて学ぶ教育機関として、現在でも根強い人気を誇っている。半年間の短期コースと一年間の長期コースがあり、授業の内容も人文学・芸術からアウトドアまで幅広いテーマを扱っている。

ここには、高校を卒業した若者が大学入学前に自分自身と向き合うために入学することもあれば、すでに職業に就いている人がリフレッシュするために入学することもある。いわゆる単位をとるための勉強ではなく、興味のあるテーマを学びつつ、デモクラシー、文化的多様性、環境問題といった社会的な課題とかかわりながら自らの考えを深めていくというスタイルが、学びの中心となっている。

国民高等学校は、いわば草の根的な生涯学習プログラムとしてこの国の生涯学習の土台をつくったのだが、成人の自主学習と文化事業の重要性の観点から、一九七六年に成人教育法（voksenopplæringsloven）が制定されている。この法律は、生涯教育機関が実施するプログラムに対してコミューンが補助金を与えることを規定したものだが、教育機関同士の連携が不十分であまり積極的な展開がなかった。そのため成人教育法は一九七一年に改正されたのだが、そのなかで公共図書館の役割が明記された。公共図書館は、図書やそのほかの資料の提供によってコミュニ

（12）国民高等学校については、『生のための学校：デンマークで生まれたフリースクール「フォルケフォイスコーレ」の世界』（清水満編著、改訂新版、新評論、一九九六年）に詳しい。

ティーのメディアセンターとしての位置づけをもつことが、この法律によって明確に規定されたのである。

## 4 ノルウェー社会における図書館の役割

ここまでの説明でノルウェー社会について理解を深めていただけたであろうか。本章の最後に、本書のテーマである図書館について、その概略を説明しておこう。

ノルウェーの公共図書館法（Lov om folkebibliotek）には、「公共図書館は図書およびほかの資料をすべての住民に無料で提供することによって啓発、教育、そのほかの文化活動を振興することを任務とする」と書かれている。文化活動の振興やノルウェーに暮らすすべての人びとへの平等な情報提供を示したこの文言は、社会における図書館の役割をもっとも適切に表現しているものと言ってよいだろう。

しかしながら、人口密度が低く、国土全体に人びとが分散して居住しているという状態にあって、「すべての住民に情報を提供する」ことは決してたやすいことではない。都市から遠く離れた町へ図書館サービスを提供することは、図書館界の永遠の課題となっている。それがゆえに、図書館へのアクセスが困難な人びとにサービスを届けるために「ブックモービル」や「ブックボート」が活躍しているわけだが、現在では、コンピュータにおけるネットワークの整備が情報アクセスの課題を克服するもっとも有力な手掛かりとなっている。

コンピュータ・ネットワークに対する期待は、世界のどの地域の図書館よりも高いと言ってよいだろう。現に、一九九〇年代半ばから一般家庭へのインターネットの接続がはじまり、交通環境の悪い地域にあってはインターネットが重要な情報源となってきた。とりわけ、小規模で十分にコレクションの整備ができない図書館は、電子的なネットワークにサービスの活路を見いだしている。

## 文化とアートの拠点としての図書館

図書を中心としたメディアのアクセスにかかわる基本的なサービスに加えて、図書館に期待されているのは文化の拠点としての役割である。たとえば、ノルウェーには小さいコミューンがたくさんあるが、規模の小さい町では図書館が唯一の文化施設という所も少なくない。そのような場所にある図書館は、あるときは美術館としての役割を果たし、また別のときにはコンサートホールの役割を果たすといったように、町を代表する文化施設として複数の顔をもっている。司書は資料と情報の専門家であると同時に、小さな町では展示会を企画するキュレイターでもありコンサートの仕掛人、そしてイベントのプランナーでもあるのだ。

ある町の図書館を訪れたとき、司書が次のように言っていた。

「コンサートがあるときにはミキサー役（音量調整）までしています。そもそも、コンサートの企画をしているので、さまざまなアーティスト情報にとても詳しくなりました」

また図書館は、デジタル情報を介して文化の拠点となることが期待されている。デジタルデータを全国レベルで収集・提供する試みにおいて、ノルウェーは世界でもかなり先端を行っている国である。今でこそ美術館、博物館、図書館の連携が世界的に叫ばれるようになっているが、ほかの国々が文化機関の連携の重要性にやっと気付いたころ、ノルウェーではすでに美術館、博物館、図書館の協力を模索し、それを実現するための文化政策に着手していた。（一四二ページ参照）

人類のあらゆる知的財産を未来に継承していくという目的において、美術館、博物館、図書館は目的を共有している。三つの文化機関は、お互いに知恵を出し合って文化的な財産を保存し、人びとに公開していく義務を負っている。そのための仕組みづくりを、とりわけデータの電子化という面から主導してきた経験を図書館はもっている。地域に根ざすリアルな図書館と、バーチャル空間に存在するデジタルライブラリー、どちらかではなくこの両方の充実を図ることによって、図書館は文化の発信拠点としての存在意義を確立していくことになる。

## 民主主義を育む場としての図書館

二〇一一年七月二二日、世界一平和な国だと思われていたノルウェーを悲劇が襲った。オスロの二か所で起きた無差別テロ事件により、一〇〇名にも及ぶ犠牲者が出た。この事件はノルウェーを震撼させ、人びとを深い悲しみに突き落とした。

事件直後、ストロテンベルグ首相（Jens Stoltenberg）は、テロに屈することなく、ノルウェーがこれまで以上にデモクラシーの考え方を大切にし、開かれた社会を守っていく、という趣旨の声明を出した。七月二二日に出されたストルテンベルグ首相の声明、全文を以下で紹介しておこう。

---

### 衝撃的で卑劣

ノルウェーは本日、衝撃的で卑劣な暴力攻撃を受けました。誰が犯人なのかは分かっていません。多くのことがまだ不明です。しかし、大勢の人が死亡し、負傷者も多数いることが分かっています。邪悪な出来事が、突如として残忍な方法で人びとを襲い、みんながこれに動揺しています。

今夜は、私たち全員が大きな試練に耐えなければならないでしょう。この先数日間は、さらに厳しい試練が待ち受けているかもしれません。私たちはそうした試練と向き合う覚悟をしています。ノルウェーは危機にあたって結束します。私たちは亡くなられた方々を哀悼します。負傷された方々の苦しみを分かち合います。そして、私たちの気持ちは被害者の家族や友人とともにあります。

今回の攻撃は罪のない一般市民に対する攻撃であり、夏期キャンプに出席していた若者に対する攻撃です。つまり、国民に向けられた攻撃なのです。攻撃した人物に、そして攻撃者の陰に隠れている

今でも犠牲者を悼む花がたえないオスロ大聖堂

者たちに、私から伝えたいことがあります。これは、ノルウェー全体からのメッセージです。あなたは、私たちを破滅させることはできません。あなたは、私たちの民主主義を、より良い世界を築こうとする私たちの努力を打ち砕くことはできません。ノルウェーは小国ですが、誇り高い国家です。爆弾で私たちを黙らせることは、誰にもできません。銃撃で私たちを黙らせることは誰にもできません。脅しによって私たちをノルウェーから追い出すことは、誰にもできません。

今夜、私たちは互いを大切にします。互いを慰め、ともに語り合い、団結します。明日、私たちは世界に対して示すつもりです。圧力を受ければ、ノルウェーの民主主義はより強固なものになるということを。

私たちは犯人を見つけ出し、法の裁きを受けさせます。今夜、もっとも重要なことは、傷ついた人々の命を助け、被害者とその家族全員を保護することです。この数時間、人々を助け、被害の拡大を防ごうと力を尽くしている警察、医療関係者、その他の方々に対して敬意を表します。

私たちは、自分たちのもつ価値観を決して放棄してはなりません。私たちの開かれた社会が、この試練に耐えることを示さなければなりません。暴力に対する答えは、民主主義をさらに強固なものにすることだということを、相手をもっと思いやることが暴力に対する答えだということを、示さなければなりません。

しかし、純真（naïve）であってはいけません。純真とは、犠牲者とその家族に与えられるべき言葉だからです。

（翻訳：株式会社ＮＨＫグローバルメディアサービス）

出典：ノルウェー大使館の公式サイト

http://www.norway.or.jp/news_events/policy_soc/policy/pmspeech_jul22/

---

ノルウェー社会における図書館は、まさしくデモクラシーの砦である。人びとはさまざまな思想や表現を受け取る権利を有しており、図書館はその権利を保障している。この原則は、図書館が時代やメディアの変化に応じて変わっていくなかでも決して変わることはない。

人間関係が希薄になるなか、人間同士のつながりを中心とする新しい地域社会の創出を求める動きが世界的に広がっている。ノルウェーでは、人びとの出合いの場所として図書館がとらえられるようになっている。

図書館は、単に資料を貸借するところにとどまらず、文化的な経験や人との出会いを求めていく空間である。無料で民主主義的な公的なスペース、それが図書館である。商業主義的な場所が社会の主流になりつつある現代社会において、公共図書館は人びとが金銭の授受をすることなく自由に交流できる貴重な場所となっているのだ。

それから、ノルウェーの図書館を考えるうえで忘れてはならないこと、それは図書館がノルウェー語とノルウェー文化を保護するためにも存在しているということである。ノルウェーは人口五〇〇万人ほどの小国であり、歴史的に見ると常に他国との連合や支配下に置かれて、独自の文化が目立ちにくい状況にあった。独立したのは一九〇五年のことであり、建国して一世紀しか経っていない若い国である。ノルウェー語とノルウェー文化は独立の証であり、自由の象徴であり、何があっても守らなければならない重要な財産なのである。

移民による多文化化に適応しつつ、一方でノルウェー本来の文化保護の理念は図書館のなかにも息づいている。図書館の活動はこの理念の実現に向けられているといっても過言ではないだろう。公共図書館で資料が貸し出されるたびに著作者に補償金（九五ページ参照）が支払われるのも、売り上げが見込まれないマイナーな文学作品の出版を国が助成して全国の図書館に頒布（二五〇～二五一ページ参照）されるのも、すべてはノルウェー文化の保護のためである。北欧諸国は自国の文化保護に関して意識の高い国が多いのだが、ノルウェーは他国よりもこうした考え方がひときわ強く、それが図書館政策と強く結び付いている。

このようなノルウェーの図書館のサービスや活動について、以下の章で詳しく見ていくことにする。

# 第1章

# ノルウェーの図書館の実際

## ——サービス・プログラム・施設

吉田右子

図書館内に設けられたコミューンの文化プログラムのコーナー
（ドランメン図書館）

# 1 図書館サービスの実際

## 季節によって変わる開館時間

まずは公共図書館の平均的な開館時間だが、平日は一〇時から一九時までぐらいとなっている。土曜日は、一一時から一五時ぐらいまで開館している。そして日曜日は、大都市の一部の図書館を除いて基本的に閉館となっている。分館のなかには、午後だけ開館する所や、かぎられた曜日のみ開館する所もある。

ちなみに、七月の初めから八月の終わりにかけては全国的に開館時間が短くなる。休暇のために利用者も減るし、図書館の職員も順番に休暇をとるからである。

平日の開館時間が一〇時から一九時までだと、フルタイムの職をもっている人にとっては公共図書館に行くことがちょっと困難となる。定時で仕事が終わる場合が多いとはいえ、子どもを保育園に迎えに行ったり夕食の支度をしたりと、夕方は誰もが大忙しのため図書館に行くだけの余裕がない。

では、土曜日はどうかと言えば、男女ともに仕事をもっているから一週間分の買い物や家事でこれまた忙殺されている。だから、図書館の常連はどうしても年金生活に入った高齢者が多くなる。時間を延長する動きがないわけではないが、どちらかと言えば「図書館とはそんなものだ」と思っている人のほうが多い。

## 貸出資料の種類

公共図書館で貸し出される資料の種類は、図書、マンガ、雑誌・新聞、音楽ＣＤ、映像ＤＶＤなど多岐にわたる。ノルウェーでは住民が政治に対して高い関心をもっているので、コミューンの議会資料や議会関連の文書、政府や地方行政関係資料、ＮＧＯパンフレットなども図書館資料としては欠かせないものとなっている。変わったところでは、ギターを貸し出す図書館さえある。

地元の図書館に求める資料が見つからないときには、図書館間の相互貸借制度を利用してノルウェー全土にある図書館から入手することができる。また、視覚に障碍をもつ人あるいは読字に問題があって、通常の資料への

政治に関心が高い人が多く、図書館には各政党の資料が置いてある（ドランメン図書館）

アクセスが困難な人のためにつくられた多様なメディアは、すべての図書館に必ず常備されている。これらの資料については、第5章で詳しく紹介することにしたい。

## 図書館サービスを支える「図書館センター」

ノルウェーには、一九五二年に設立された「図書館センター（Biblioteksentralen）」と呼ばれる公益法人があり、図書館が収集する資料のリスト作成、製本、目録作成などを行っている。公共図書館では、基本的には図書館センターが提供する解説付の新刊資料案内を使って資料を選んでいる。センターでは、ノルウェー国内・国外の図書や録音資料について幅広い情報を提供しており、ウェブサイトから直接、図書館資料の発注が可能となっている。

これらの資料については、専門職員によって目録が作成されており、この目録を使用している公共図書館と学校図書館は相当数に上っている。また、図書館センターは図書館で使う備品や家具なども扱っていることもあって、「図書館の総合商社」とも言うべき存在となっている。

## 図書利用カードは短期滞在者でもつくれる

図書を借りるためのカードは、身分証明書を提示してつくることになっている。登録するためには住所を明記する必要があり、署名が必要である。六歳以上ならば図書館カードをつくることができるのだが、一五歳以下の場合は保護者の許可書が必要となっている。短期滞在者はというと、身分証明書を提示することによって図書館カードをつくることができる。また、会社や法人のための団体カードもあり、その場合は団体名でカードをつくることになる。一般利用者の貸出期間は二八日だが、団体カードだと四八日間に延びる。

貸出期間は、通常二回まで延長が可能となっている。ただし、ベストセラーは二〇人から三〇人のウェイティングリストができるため貸出は一週間にかぎられており、延長はできない。もし、返却を延滞すると料金が発生する。

一回の借出資料数は図書館によって異なるが、二〇点ぐらいの所が多い。古くなった本や雑誌は利用者に売却しているが、その値段は図書館によって異なり、五クローネから一〇クローネ（約七〇円から約一四〇円ぐらい）が相場となっている。

「貸出は一週間」と書いてあるベストセラー展示棚
（ヴェストレ・トーテン図書館）

廃棄本もきれいに展示して利用者に売却（ドランメン図書館）

## 図書館での飲食とおしゃべり

北欧の図書館では館内での飲食が許されている所が多いが、ノルウェーの場合は、飲み物は自由に飲めるが食べ物については図書館ごとに方針が異なっている。館内での自由な飲食を許可している図書館もあれば、食べ物はカフェコーナーにかぎっている図書館もある。

たとえば、ドランメン図書館（Drammen bibliotek）では、二〇一一年八月から館内への食べ物の持ち込みを禁じることにした。というのも、食べ物で床や家具が汚れ、その清掃代がかさむようになったからだ。ドランメン図書館の場合、図書館を出てすぐの所にカフェがあるせいか、利用者からの持ち込み許可を求める意見は現在のところ出ていないとのことだった。

図書館内は、適切な音量であればおしゃべりが許されている。これも図書館ごとに方針が異なるのだが、携帯電話での通話を禁じている図書館は割合と多い。おしゃべり解禁のデンマークの図書館などに比べると、全体的に静寂が保たれていると言ってよいだろう。

## 図書館サービスをめぐる課金の議論

ノルウェーのさまざまな図書館を訪れたとき、よく「日本では図書館サービスは無料か」という質問を受けた。こんな質問が出る背景には、ヨーロッパにおいて最近図書館サービスに対して課金する国が出現しはじめたからである。たとえばオランダでは、図書館の利用カードの登録に料金がかかっている。

現在、ノルウェーにおいて図書館サービスは無料である。高額なデータベースを利用するときや、司書から専門的な情報サービスを受けるときに課金するケースはあるが、基本的な資料の貸借やレファレンスサービスに対して利用者が料金を支払う必要はない。無料の情報アクセスを提供することこそが近代公共図書館の基盤である、というのが図書館界での共通認識である。にもかかわらず、近隣諸国において図書館の無料原則が揺らいでいる事実に直面して、ノルウェーの司書は危機感をとても強めている。

## 2　図書館の建築・施設・家具

トンスバルグ・オ・ノッテルオイ図書館（Tønsberg og Nøtterøy bibliotek）は、建設の際に発見された修道院の遺跡をそのまま館内に残して造られたことで有名である。遺跡が大迫力で迫ってくる館内もさることながら、ガラスと金属を組み合わせた図書館は、ニュースタイルの建築物として外観だけでも十分な見ごたえのあるものとなっている。

トンスバルグ・オ・ノッテルオイ図書館は別格としても、ノルウェーには斬新なデザインの図

ガラス壁の外観はインパクトがある
（トンスバルグ・オ・ノッテルオイ図書館）

発掘された遺跡が館内にそのまま残されている
（トンスバルグ・オ・ノッテルオイ図書館）

吹き抜けになっている明るい図書館が多い
（シー図書館）

書館が多い。何しろ、国全体に空間的な余裕があるから、オスロなど都市部を除いては、それぞれの建物はかなり贅沢にゆったりとしたスペースを使っている。

もちろん、館内も広々としている。そのスペースを利用して、館内でさまざまな催し物が開かれている。椅子や机はもちろんのこと、書架にまでキャスターが付いていて、スペースを自在につくり替えることができるのだ。ある図書館では、「飲食禁止」のステッカーの脇に「家具の移動禁止！」のステッカーが貼ってあった。ちょっと気を許すと利用者がどんどん勝手にレイアウトを変えてしまって、カオス状態になるからというのが理由だった。うらやましいほどフレキシブルな空間を実現しているノルウェーの図書館である。

館内には、利用者が自然と読書に誘われるような仕掛けがたくさんされているが、その一つが司書[1]のおすすめのコーナーで

(1)「司書」は、日本の図書館法では「社会教育施設としての図書館（公立図書館、私立図書館）に置かれる専門職員」と定義されているが、本書では、図書館に関する専門的知識をもち「bibliotekar」（図書館員）として働く有資格の図書館職員を司書と呼ぶことにする。

左側が家具の移動を禁止する張り紙
（ドランメン図書館）

司書のおすすめコーナー
（ドランメン図書館）

読書に誘う椅子がきちんと並んだ様子
（トンスバルグ・オ・ノッテルオイ図書館）

多くの図書館には自動貸出機がある
（ヴェストレ・トーテン図書館）

分かりやすいサイン
（ドランメン図書館）

見るからに頑丈そうなトイレのかぎ
（トンスバルグ・オ・ノッテルオイ図書館）

ある。これは、多忙な利用者にすばやく刺激的な図書選択をしてもらうために、司書が本の知識を生かしてさまざまな本を並べておくコーナーである。

その一方、館内でゆっくり読書を楽しむ時間がある人にとっては、図書館はすばらしく居心地のよい空間となっている。ゆったりとした空間に配置された座り心地のよい椅子に座っていると、いつの間にか数時間が経ってしまったということも多い。

館内の表示は、大きくて分かりやすい。ちなみに、図書館によっては、職員に断ってから頑丈な鍵を貸してもらってからトイレに行く所もある。というのも、不特定多数の人が立ち寄る図書館や公共施設では、麻薬中毒者がトイレで麻薬を注射したり、アルコール中毒者が飲酒をしたりする可能性があるため自由に使えないようにしているのだ。

施設面も説明しておこう。国中の図書館のほぼすべてに自動貸出・返却機が普及しているデンマークに比べると、ノルウェーはまだまだ遅れている。小さな町では設置されていない所もあるというのが実状である。デンマーク製の機械を使っている司書が、「故障のときには、デンマークまで修理に出さなければならないのでちょっと厄介だ」と言っていた。

利用者が使えるコンピュータもすべての図書館に必ず用意されている。一人当たりの制限時間を設けて自由に利用できるようになっているが、このサービスは、パソコンをもっていない移民がよく利用しているということだった。自分のコンピュータを持ち込んでいる場合は、館内には敷設されている無線ＬＡＮを使ってインターネットにアクセスできるようになっている。

また、ビデオ会議システムの設備をもつ図書館も多い。これは、図書館が生涯学習センターとして機能することが多いノルウェーの図書館ならではの施設と言えるだろう。ちなみに、このビデオ会議システム、主に高等教育機関や生涯教育機関が実施する遠隔教育に使われている。

## 3 ノルウェーの公共図書館のプログラム

### 定番プログラム

さまざまな文化プログラムは、いまや公共図書館の顔とも言ってよいだろう。読書会や語学講座などを開くための集会室はどの図書館にも必ずあって、住民が自由に使うことができるようになっている。

ノルウェーの公共図書館におけるプログラムの定番と言えば、成人向けなら作家の講演会、展示会、読書会、学習会、コンサート、映画上映会であり、子ども向けなら読み聞かせ、映画上映会、工作、コンサート、子ども劇場、展覧会と言ったところだろう。これ以外にも、読書振興や生涯学習を意識したものなど、各館ともに工夫をこらしたプログラムを企画・実施している。

最近人気が復活しつつある、古くて新しいプログラムが読書サークルである。みんなで同じ本を読んで語り合う読書サークルは全世界的な流行を見せているが、ここノルウェーでも盛んに行われている。読書サークルでは、ノルウェー語の本にかぎらず世界各国の文学や詩が取り上げられている。

読書サークルの開催形態にはいろいろあって、文学愛好者だけでなくノルウェー語を勉強しはじめて間もない人を対象にしたサークルもある。また、自分で読書サークルを主宰してみたいという人には、司書が本の選び方やサークルの進め方についてアドバイスをしている。

## 子ども向けのサービス

子ども向けのプログラムとして人気があるのは、児童司書による読み聞かせ、ブックトークなどである。そして、夏休みには特別の読書プログラムが企画されることもある。

子どもたちの描いた絵が壁を埋める（シー図書館の児童室）

たとえば、オスロ・コミューンの図書館では、読み終わった本が五冊分記録できる読書記録カードをわたし、五冊を読み上げた子どもたちには修了証書を発行している。

また、子どもたちへの間接的サービスとして学校図書館をサポートすることも公共図書館の重要な仕事となっているので、さまざまな側面から支援を行っている。司書が学校を訪問して読み聞かせを行ったり、逆に子どもたちが国語の授業時間に図書館を訪れて話を聞くといったことがどこの地域でも実施されている。それ以外にも、授業で使うための本を集めて学校に配送したり、学校図書館の司書からの相談に乗ったりもしている。

これまで述べてきたサービスは、「定番サービス」と言えるものである。ここからは、ノルウェーの図書館界でも注目を集めた、ちょっとユニークなサービスを紹介していきたい。ノルウェーの図書館が新しいプログラムに果敢に挑戦している様子をご覧になっていただきたい。

## 保育園の中に図書館の分室を造る

幼少期における本とのかかわりが読書習慣の形成に大きく影響を及ぼすことは、図書館の関係者だけでなく誰もが知っていることだろう。だが、実際にどのような読書支援を行えばよいのかについては、図書館の現場において試行錯誤が長らく続けられてきた。二〇〇八年からはじまった子ども向けの読書振興プロジェクト「読書の種（Lesefrø）」は、こうした問題に対して、保育園と図書館が連携して取り組んだ例である。[2]

プロジェクトは、スタバンゲル大学読書研究センター（Lesesenteret, Universitetet i Stavanger）と協力して行われた。プロジェクトの目的は、子どもたちの日常生活のなかに読書を取り入れることである。司書が保育園を巡回して子どもたちにあった本を届けると同時に、保育園の職員に対して本についての情報を提供していく。図書館が保育園に働きかけたことによって、今まで図書館に行かなかった家庭や、まったく本を読まない家庭にも図書が届くようになった。子どもの読書習慣は保護者の読書習慣と密接にかかわっているため、プロジェクトでは保護者に対する読書のアピールにも重点が置かれた。

保育園で実際に活動に取り入れられたのは、読み聞かせ、ストーリーテリング、会話、言葉遊びなどである。読み聞かせは、子どもたちの聞き取り能力や読み取り能力によい効果をもたらした。また、読書によって子どもたちは、寛容や共感といった他者を理解するための心のもち方も学ぶようになった。

このプロジェクトでは、保育園の中に図書館の分室を造る試みも行われた。「園内図書室」は、

---

（2）Liv Beathe Bråthen "Planting seeds of reading in new arenas" *Nordic Public Libraries 2.0*, Danish Agency for Libraries and Media, 2010, p. 95-98.

子どもたちの言語能力や本への関心などの面でよい影響をもたらしただけでなく、本に触れる時間が多くなったことで子どもたちの言語運用スキルがめざましく向上した。

ノルウェーでは、このプロジェクトにかぎらず公共図書館による保育園への図書サービスに力を入れている。また、ほとんどの図書館で、司書が保育園を巡回して定期的に図書を配本している。

保育園に運ぶ図書がコンテナに積められてスタンバイ（ドランメン図書館）

## 子どもたちに読書と創作の喜びを伝える

ノルウェーでは、各コミューン図書館の上部組織として「フィルケ図書館」と呼ばれる図書館があって、各学校を巡回するブックモービルというサービスを行っている。ブックモービルとは、その名の通り、本を積んで子どもたちにさまざまな本を提供する移動図書館のことである。しかし、ノルウェーの場合、ブックモービルの仕事はそれだけにとどまらない。ここでは、オップランド・フィルケ図書館（Oppland fylkesbibliotek）のブックモービルで行われているプログラムを紹介していきたい。

ブックモービルの責任者はトリグヴェ・ラムネフィェル（Trygve Ramnefjell）さんと言い、「文学伝達担当者（Litteraturformidler）」という聞き慣れない肩書きをもっている人である。彼は単に本を提供するだけでなく、各学校でストーリーテリングと創作ワークショップの授業を担当している。

子どもたちの読書意欲を高めるために、読み聞かせやストーリーテリングを行うことの重要性は言うまでもないが、今ラムネフィェルさんがとくに力を入れて取り組んでいるのは創作ワークショップである。子どもたちは、みんなお話をつくることが大好きなのだが、どうやってつくったらよいのかが分からない。だから、子どもたちがもっている話の種のようなものをうまく芽吹かせ、創作のための手伝いをするというのが彼の仕事である。

「物語をつくりたいのに、うまく表現できずに困っている子どもはとくに男の子に多い。そんな子どもたちを助けることは、大変な仕事であると同時に大きな喜びでもある」と言うラムネフィェルさんには俳優や教員の経験があり、このブックモービルでの仕事にそれが十分に生かされている。

お話を演じるトリグヴェ・ラムネフィェルさん　写真：ラッセ・スタング　オップランド・アルバイデブラ

お話を運ぶブックモービル（オップランド・フィルケ図書館）

## 高齢者のための創作講座

次に、ホルダグラン・フィルケ図書館（Hordaland fylkebibliotek）がベルゲンとホルダグランの高齢者のために企画した「創作講座」を紹介しよう。この講座では、五九歳から九五歳までの参加者が一〇〇名以上参加して、詩や物語、短いストーリー、シナリオを書くトレーニングを受けている。(3)

講座が開講された背景には、教育学の研究者がかかわる「教育と高齢者」をテーマとする研究プロジェクトがあった。研究者グループは、地域の生涯学習プログラムに高齢者を対象とした内容が欠けていることを問題点として指摘し、一般的に言われている福祉サービスだけでなく学習ニーズにもっと着目すべきだと主張した。つまり、身体的な充足度だけでなく精神面での充足感に資するようなプログラムの提供ということで企画されたのがこの創作講座である。

講座への参加者の大部分は、学校を卒業してからまとまった文章を書いておらず、読書もあまり積極的にはしていなかった。しかし、講座に参加して文章を綴るうちに、自らの内面を言葉で表現できるようになっていった。そして、読書にも積極的に取り組むようになり、講座を終了するころには図書館で本を借りる受講生が多くなった。しかも、借り出す本のジャンルは、文学にとどまらず現代詩のような前衛的な表現形態にまで及んでいた。おそらく、受講生にとって、この講座に参加しなければ決して手にすることのなかったジャンルであろう。

年齢を重ねた人びとにとって書くことは精神を鍛えるためのエクササイズになるだけでなく、何歳であっても、創造的な文章が書けることを創作講座は証明したわけである。

## ブック・クルーズ

最後に、図書館の広報活動を兼ねたとびきりユニークなプログラムをご紹介することにしたい。

オスロから電車で二時間ほどの距離にあるラウフォス（Raufoss）の図書館に訪問依頼のメールを出していたとき、私が訪問を予定している日に「コミューン創立一五〇周年を記念して隣町のヨービク（Gjøvik）にある図書館が記念行事を行うから、ぜひ参加してみては」という誘いを受けた。誘ってくださったのは、ヨービク近隣の町ヴェストレ・トーテン（Vestre-Toten）コミューンの文化部長（Kurtursjef）であるエリザベス・ルンド（Elisabeth Lund）さんである。ちなみに、祝賀行事を行うヨービク・コミューンは、ノルウェー最大の湖であるミョーサ（Mjøsa）湖畔に位置している町である。

図書館の訪問依頼のためにこれまで何度となくノルウェーの司書とメールのやり取りをしたが、

---

（3）　Oddgeir Synnes "Creative writing and the elderly" *Scandinavian Public Library Quarterly*. Vol. 37. No. 4. 2004. p. 22-24.

概して向こうのメールはそっけない。返信されてきたメールには、たいていシンプルな文体で必要最小限のことしか書かれていない。だからといって、歓迎されていないということでは決してない。訪問前に交わしたメールが全部で十数行しかなくても、実際に訪問するといつもコーヒーとお菓子を用意して待っていてくれており、時間をたっぷりかけて応対してくれる。

このときに受けたお誘いメールも、「ミョーサ湖上の蒸気船で行われるジャズと文学のイベントへお招きできることをうれしく思います！」、これだけであった。蒸気船？ ジャズ？ 文学？ 一体何が起こるのかまったく分からないまま私はオスロから二時間かけて現地に向かった。

大都市オスロを出ると街並みはすぐに途絶え、車窓は森と湖の連続となる。時折、ものすごい力強さで流れる川が現れ、それが森と湖の間のアクセントとなっている。それにしても、不安を感じてしまうほどの迫力の流れである。到着したのが日曜日の夕方だったせいか店はほとんど閉まっており、街はひっそりとしていた。

イベントの当日、訪問調査を行ったラウフォスにある図書館の館長であるモーナ・ミールラン（Mona Myrland）さんに会場まで連れていってもらった。会場に着いて、やっとイベントの全貌が判明した。ミョーサ湖には、「世界で唯一、現役の蒸気船」と銘打った船が運航されている。その船を図書館が一晩借りきって、ナイトクルーズを企画していたのである。

イベントは、国立図書館とオップランド・フィルケ図書館、そしてチューン・イントゥ・ヨービク・ジャズクラブ（Tune Into Gjøvik Jazzklubb）の共同主催となっていた。街の中心部から波止場までは歩いて一〇分ほどかかる。クルーズ出航の一五分ぐらい前に船着き場に到着すると、船に乗り込む人たちがなごやかにおしゃべりをしていた。このときの乗船者は、図書館関係者と事前に申し込んだ一般の人である。

乗船者であることを示すシールを洋服にぺたんと貼ってもらうと手続きは完了。甲板でジャズを聴いてから船室で文学レクチャーを受けるグループと、文学レクチャーを聴いてから甲板に上がるグループに分かれて船に乗り込んだ。

ミョーサ湖は縦に細長く伸びた湖で、幅は泳いで渡れそうなほど短いため、進路に向かって左岸と右岸の景色がはっきり見える。乗船したのは九月一日、ちょうど麦の刈り入れどきなので、麦畑が夕暮れのなかに金色に輝いて見える。

ジャズのスタンダードナンバーを聴きながら、信じられないほど美しい光景を堪能した。何よりも、天気がめまぐるしく変わる秋のノルウェーで、完璧に晴れわたった天候のもとクルーズが行

図書館が借りきったクルーズ船

クルーズに招待して下さったルントさん（右）とミールランさん（左）

われていること自体が奇跡である。

みんな、ワインやビールなど好みの飲み物を片手に持ってくつろいでいる。一時間ほど甲板で過ごしただろうか。交代の時間になり、今度は私たちが船室に下りていって軽食を取りながら文学レクチャーを聴く番になった。船室のテーブルには真っ白なテーブルクロスが掛けられて、一人ひとりに魚介類を中心とした一皿料理が運ばれてくる。

大きな拍手のなかで登場したのが、今夜の講演者エドヴァルド・ホーエム（Edvard Hoem）氏である。ホーエム氏は四〇年以上のキャリアをもつ作家であり、使用者が少ないニーノシュクで執筆活動を行っていることでも知られている。講演の内容は、ノルウェーの著名な劇作家・詩人・小説家のビョルンスチャーネ・ビョルンソン（Bjørnstjerne Bjørnson・一八三二～一九一〇）についてであった。

ビョルンソンは一九〇三年にノーベル文学賞を受賞した人で、ノルウェー国歌の作詞者としても知られている。人道主義的な作風を好み、紙幣に肖像が描かれていたこともある。このビョルンソンの伝記を書き上げたばかりのホーエム氏が、彼の魅力を一時間かけて力強く語った。

ジャズとレクチャーで多いに盛り上がったクルーズが終わったのは、午後九時すぎ。いつUターンしたのかまったく気付かないうちに、蒸気船はヨービクの船着き場に戻っていた。おいしい食べ物とワイン、そして文学と音楽を堪能した乗船者は、船を降りても「興奮さめやらず」という表情をしていた。イベントの感想を口々にしゃべりながら、桟橋から家路に就いた。

## 4 ノルウェー図書館の最前線

ノルウェーは、デジタルネットワーク社会の最前線を走っている国である。このことは物流ネットワークを構築するのが困難であるという、ノルウェーが置かれた自然環境と深く関係している。つまり、通信ネットワークは、物理的なネットワークを補う形で発展してきたわけである。ノルウェーではかなり早い時期から一般家庭にもコンピュータが普及しており、生活のあらゆる場面でコンピュータが活用されている。もちろん、教育にもコンピュータとネットワークが積極的に導入されており、高等教育機関を中心とした遠隔教育の普及も世界でトップとなった。

一方、娯楽のためのコンピュータ普及も、教育・学習面におけるコンピュータ活用を上回る勢いで進行した。一九八〇年代に出はじめたコンピュータゲームで遊んでいた世代は、すでに中年期に差しかかっている。コンピュータゲームは、子どもの遊びというよりも、ノルウェーのほぼ全世代が楽しむ娯楽になっていると言っても過言ではない。

本節では、「高齢者のコンピュータスキル修得の支援」と「コンピュータゲームの提供」という図書館サービスの二つの側面から、ノルウェーの図書館におけるコンピュータの位置づけについて考えてみたい。

## 高齢者向けのコンピュータ講座が図書館で開かれている

国土が広く厳しい自然環境に置かれたノルウェーでは、コンピュータ・ネットワークは水道や電気などに次ぐライフラインとなっている。役所の各種手続きやオンライン・ショッピング、オンライン・バンキングなどが世界でもっとも普及した国とも言えるだろう。ノルウェーでは、コンピュータとインターネットは生活していくうえにおいてかなり重要な位置を占めている。

コンピュータやインターネットが登場してから教育を受けた人にとっては、これらを使うことには何の抵抗もないだろう。だが、学校や職場でコンピュータに無縁だった人たちにとっては、まったく新しい種類のスキルを修得することを意味する。つまり、わざわざ習い覚えなければならない未知の技術なわけだ。そのため、これらの高齢者層をターゲットにして、公共図書館は率先してコンピュータ講座やインターネット講座を開催している。

もちろん、図書館以外でもコンピュータ技術を身に付けることは可能だが、たいがいは有料となっている。公共図書館は、無料でコンピュータ技術が修得できる重要な場所なのだ。講座では、コンピュータの基礎的な使い方から、ノルウェー社会において必須となるオンライン・バンキング、オンライン・ショッピングなど、生活に密着したテーマが取り上げられている。

ところで、ノルウェーでは、一九九七年に高齢者がインターネットを使ったコミュニケーションに参加することを目的とした団体「シニアネット・ノルウェー（Seniornett Norge）」が設立された。「シニアネット・ノルウェー」は一九九八年に独自のウェブサイト（www. seniornett. no）を立ち上げ、それ以来、高齢者のニーズにあったコンテンツやインターフェイスを開発してきた。

高齢者はインターネットやメールに興味をもっているのだが、使い方が分からなかったり、使いにくいために利用することをやめてしまったりすることが多い。このシニアネットは、コンピュータ利用にまつわるさまざまな問題点を克服し、高齢者がインターネットの世界で自由にコミュニケーションができるシステムを構築することを目標に活動を続けてきた。そして、開発されたコンテンツやソフトウェアが、高齢者にとって実際に使い勝手のよいものになっているかも追跡調査している。

シニアネットは全国に支部をもち、コンピュータとインターネットの普及活動を各地域で行っているわけだが、図書館が開催する高齢者対象のコンピュータ講座は、たいていこのシニアネット支部と連携して行われている。講座への参加はすべて無料となっており、高齢者が相互に教えあうワークショップ形式がとられている。

## コンピュータゲームに寛容なノルウェーの図書館

次は、コンピュータゲームの話に移ろう。ほとんどの公共図書館が「PlayStation」、「Xbox」や「Wii」などの最新のゲームソフトを入手しており、それぞれ利用者に提供している。ノルウェーの公共図書館法は「すべてのメディアを無料で住民に提供する」ことを謳っているのだが、ここで言う「メディア」には、コンピュータゲームも含まれるというのが基本的な解釈となっている。

公共図書館は学習から娯楽まで幅広い領域をカバーする場所であり、コンピュータゲームもその射程に入っているということである。また、一般的にもコンピュータゲームは認知されており、新聞では書評や音楽評と同様に、ゲーム評が掲載される国である。

コンピュータゲームに対して寛容なノルウェーだが、単に利用者に人気があるからという理由だけではなく、その魅力を積極的に示している図書館もある。たとえば、ドランメン図書館では、毎年「ゲームの夕べ（Spillnatt）」というプログラムを開催している。

「ゲームの夕べ」の対象者は一〇歳から一六歳の子どもたちで、夜七時からオールナイトでコンピュータゲームを楽しむ。夜の開館とともに子どもたちが館内に駆け込んでくる様子は圧巻である。子どもたちは目を輝かして、ゲーム機からゲーム機へとわたり歩いて、ただひたすらゲームを楽しむのである。

オールナイトの「ゲームの夕べ」は一年に一回かぎりの特別なお祭りだが、これ以外にもドランメン図書館では、定期的にコンピュータゲームを楽しむイベントを開いている。現在は、毎週木曜日の夕方四時から七時まで成人を対象とした「ゲームの夕べ」が開かれており、参加者は大型スクリーンに映し出されたゲームを楽しんでいる。

また、ドラメン図書館では、認知症の高齢者に対してコンピュータゲームを提供するプログラムにも力を入れている。これは治療の一環でもあり、高齢者を対象とした簡単に楽しめるコンピュータゲームのプログラムを使ってゲームに参加してもらっているそうだ。

## コンピュータゲームを図書館に置く本当の理由

図書館にコンピュータゲームを導入する場合には、その内容が問題になる。言うまでもなく、コンピュータゲームの質は図書と同じ尺度で測られるものではなく、独自の評価軸に基づいて図書館への導入を検討する必要がある。過度に暴力的なもの、性的な描写が強すぎるものは排除するといった大きな枠組みは

「ゲームの夕べ」に集まった子どもたち　出典：ドランメン図書館ポップカルト部門

コンピュータゲームのコーナー（レア分館）

決まっているが、作品の質に関する評価方法は定まっていないというのが現状である。評価基準が定まっていないことを理由に、コンピュータゲームの導入に躊躇する司書もいる。

一方、コンピュータゲームの提供にかかわる業務を専門に担当している司書を置く図書館も見られる。質をきちんと評価して、図書館での受け入れの可否を決定し、コンピュータゲームを使ったプログラムを企画することが担当司書の業務となっている。

なぜ、図書館が、そこまでコンピュータゲームの提供に力を入れるのかという疑問も個人的には湧いてくるのだが、そこには一つの重要な理由が隠されていた。

図書館が積極的にコンピュータゲームをサービスに取り入れているのは、子どもたちが平等にメディアを享受できるようにするためである。家庭の経済状況によってゲームをもっている子どもとそうでない子どもが存在すること、平等を標榜するノルウェーにおいてはそれが問題視されている。メディアの不平等を解消することは、言うまでもなく図書館にとってもっとも重要な役割となっている。コンピュータゲームの質については納得していない司書も、子どもの不平等を埋めるという観点からはみな一様にコンピュータゲームの導入に賛同している。

結局のところ、図書館は学習、読書、情報などにかかわるすべてのサービスを包み込む場所であり、そこにはコンピュータゲームも含まれる、と考えるべきなのだろう。そして、図書館で培ってきたメディアに対する評価や提供方法などは、部分的にコンピュータゲームにも適用されていると言える。このような状況ゆえ、人びとは図書館に行きさえすれば、安心して安全にコンピュータゲームを楽しむことができるのである。

## コンピュータゲームは置きません

ノルウェーで私が出会った司書のなかで、コンピュータゲームを図書館に置くことに異議を唱えた人はたった一名だけだった。彼女は、自分の図書館の規模を考えてコンピュータゲームは導入しないと決断したそうだ。小さなスペースのなかにコンピュータゲーム機を入れたら、当然、子どもたちは興奮して大きな声を出すだろう。導入すれば、静かに読書に浸りたいと思う子どもたちにとっては快適な空間ではなくなってしまう。また、ゲームに気を取られて読書意欲自体が衰えてしまうことを彼女は懸念していた。

実は、彼女自身はコンピュータゲームの愛好者で、「新作が出ると必ず試してみる」と言っていた。だから、現在市販されているゲームがとてもよくできていて、なかにはとても深い思考力を必要とするものがあることを十分承知している。それでも、「図書館への導入となると話は別なのだ」と彼女は言っていた。本を読むという行為は決してほかのメディアでは補えないし、図書館の主要な役割は、読書を振興することにあるという固い信念をもっていた。

私自身はコンピュータゲームをしないため、図書館でのコンピュータゲームのサービスについて語る資格はないと思っていた。これまでに訪れた図書館でコンピュータゲームを見ない所はなかったのだが、それがどういうゲームであるのかが分からない以上、議論に加わることはフェアでないと考えていたのだ。

しかし、いつももどかしい思いをしていた。つまり、本当に図書館はコンピュータゲームを提供すべきなんだろうかといつも考えていたわけである。だから、自らを「ゲーマー」だと自称する若き図書館員が、「読書は深く厚みがある特別な行為だし、それはコンピュータゲームとはまった異なる体験だと思う」ときっぱり言うのを聞いて、少しだけほっとしたというのが正直なところである。

## 5 図書館の利用者

ノルウェーの人びとは、図書館をどのように捉えているのだろうか。一つ明らかなことは、図書館は図書を借りるためだけの場所だと思っている人が少ないということである。仕事をしたり、勉強したり、人と会ったりとさまざまな目的をもってみんな図書館を訪れている。一方、図書館を利用しない人の理由を調べると、「単に図書館の存在を忘れている」という回答が多い。だから、ノルウェーの図書館界では、とにかく人びとが図書館を認知するようなプロモーションが大切だと考えている。

雑誌〈季刊・北欧公共図書館（*Scandinavian Public Library Quarterly*）〉の二〇一一年の記事によれば、ノルウェー西南部の町にあるスタヴァンゲル図書館（Stavanger bibliotek）では、「図書館に行かない人を追跡する」というプロジェクトを行ったそうだ。その調査結果を見て、関係者はみな驚きを隠せなかった。というのも、「図書館を使わない人びと」が図書館に対してとても好意的な感情をもっていたからである。彼らは、「図書館を利用する人は知的で健全」だし、「司書はとても親切で知識が豊富」と考えていた。また、図書館は、もっともっと自分たちの存在を主張すべきだという意見が大方を占めていた。

この調査結果を受けてスタヴァンゲル図書館は、二つの新しい試みを行った。それは、「ミニ図書館」と「サマー・ライブラリー」である。ミニ図書館というのは、ワゴン車に図書を積み込んで会社の食堂を訪問するという企画である。小さい車には一五〇冊、大きいワゴン車には七〇〇冊から八〇〇冊の本が積めるらしい。

もう一つの「サマー・ライブラリー」は、夏の間、本を積んだワゴン車が人びとが行くビーチや商店街を巡回するもので、二〇〇八年から開始されている。この「サマー・ライブラリー」は、テレビ、ラジオ、インターネット、新聞でも大きく紹介されたのだが、何よりもうれしかったのは住民の反応がとてもよかったことだ。行く先々でワゴン車に手を振ってくれたり話しかけてくれたりと、とにかくこの移動図書館は多いに人気を集めた。

思わぬハプニングもあった。車にコンピュータを載せていったのだが、インターネット回線が弱かったり、いざビーチで貸し出しを行おうとすると太陽光が強すぎてスクリーンがよく見えなかったりしたらしい。結局、ローテクのメモ帳とペンが活躍したようだ。移動図書館は実質的な利用者数の増加につながったわけではないが、サービスを提供する側の司書が、図書館の役割について改めて考えるきっかけになったという。

図書館制度が地域社会に根づいているノルウェーでは、コミューンの文化機関としての図書館の存在意義を住民が十分に認知していると言える。だからといって、多くの人びとが図書館に熱心に行くかというと必ずしもそうではない。図書館に対する理解の高さと、図書館の利用は別の問題ということだ。認められるだけでなく使われる図書館へ、その鍵を握る「図書館未利用者グループ」に図書館界は注目している。

ノルウェーでは、一九九〇年後半以降に公共事業が大きく見直され、公共図書館にも大きな影響を与えた。真っ先に予算削減の対象となったのは、中央館以外の図書館施設、すなわち分館やブックモービルなどだった。実際に多くの図書館が閉鎖の対象となり、各地の厳しい図書館事情が報告された。住民が図書館の閉鎖やブックボートの廃止反対に立ち上がり、その結果、最後の最後になって図書館予算が確保されたりするケースもあった。

学校図書館と公共図書館が同じ場所で連携して運営されている場合、公共図書館の予算削減は学校図書館にも影響を与えることになる。そんな場合は、教育関係者も強い抗議の声を上げるということだった。

コミューンの予算編成にかかわる政治家に図書館への予算配分を働きかけるということが、予算削減を食い止めるためにもっとも効果的な方法である。だが、図書館を話題にして選挙戦を闘う議員は少数にとどまっている。

経済状況の悪化によって図書館の予算が

学校図書館がコミューンの分館を兼ねている
（スメースタ学校図書館兼公共図書館）

厳しくなっても、ノルウェーの図書館ではボランティアの採用をその解決策に当てようとする動きは見られない。ほかの北欧諸国と同様、図書館サービスは専門職の業務であり、有資格者によって行われる仕事として認識されているからである。そして、何よりも、図書館労働組合がボランティアの導入をかたくなに拒否しているということが大きい。ノルウェーにおいては、司書の仕事は専門の教育を受けたプロフェッションが行う業務で、そこに一般人がかかわることについては慎重に考えられている。

図書館が例外的にボランティアを導入しているのは、地域の団体と連携して行うサービスに対してである。たとえば、多くの図書館が実施している、移民の子どもたちを対象とする宿題支援サービスには、退職した教員を中心とするボランティアの力を借りている。つまり、専門業務に抵触しないというのが図書館でのボランティア活動の最低条件となっている。

第2章

# ノルウェーの図書館をめぐる旅

## ―― 個性派揃いの図書館から学んだこと

マグヌスセン矢部直美・吉田右子

図書館で熱心に勉強する大学生
（ドランメン図書館）

本章では、規模や置かれた地域がまったく異なる四つの図書館を取り上げて、ノルウェーの図書館のありのままの姿をお目にかけたい。本章で紹介する図書館には、私たちが実際に訪れて、そこで働く司書にじっくりとお話をうかがっている。司書の生（なま）の声を通して、ノルウェーの図書館の「今」を感じていただきたい。

最初に登場するのはオスロ中心部に位置し、住民だけではなくそこに通勤・通学する人も利用する都市型図書館である。一日中ひっきりなしに人が出入りする活気あふれる図書館であり、レベルの高い経営手腕をもつ若い女性館長が率いている。

二番目の図書館はオスロの下町にある図書館で、都市部の下町の多くがそうであるように、最近は若者を引きつけており、地区に新住民が増えつつある所だ。ここでは移民や障碍をもつ利用者へのサービスが主なテーマとなり、図書館へのアクセスが困難な人びとにとって図書館がどのような場所なのか、その可能性と課題についてゆっくりと話を聞いた。

三番目は、オスロ近郊の街にある公共図書館と大学図書館が完全に一体化した図書館である。ここは、ノルウェー国内はもとよりヨーロッパでも注目されている。異なるカテゴリーの利用者が一つの図書館を使うという進化の方向性について考えさせられたインタビューとなった。

最後は、オスロから二時間ほど内陸に入ったごく小さな町の図書館である。町には図書館以外の文化施設はほとんどなく、図書館が文化を運ぶほとんど唯一の機関となっている。若い図書館長と文化部長、そして町長までがいっしょになって図書館を盛り立てるための工夫を重ねている。

　それでは、ノルウェーの図書館を訪れた気持ちになって、私たちといっしょに図書館ツアーを楽しんでいただきたい。

## 1 高齢者の主体的な学びをサポートする
### ——マヨールストゥーエン図書館（矢部・吉田）

　マヨールストゥーエン図書館（Majorstuen bibliotek）は、オスロ中心部から電車で一〇分ぐらい行ったにぎやかな地区にある。といっても、ごちゃごちゃした感じはしない。洒落たお店が多く都会的な雰囲気をもつ地域で、オスロ最大の居住区であり、現在四万五〇〇〇人ほどが住んでいる。

　地下鉄・トラム・バスが相互に乗り入れているため、マヨールストゥーエン駅を使って通勤・通学をしている人がとても多い。近くには、オスロ大学のブリンナンキャンパ

マヨールストゥーエン駅に急ぐ人びと

ス（Brindern campus）や警察大学、音楽大学、神学大学などの専科大学のほか、五つの高校と一九の小中高、八三もの保育園がある。

マヨールストゥーエン図書館を除けば近隣にはごく小さな分館が一館あるだけなので、周辺住民やこの界隈に勤務している人たちは、みんなマヨールストゥーエン図書館を利用している。館長の言葉通り、「分館というより小さな中央館」のような役割を果たしている。駅から二、三分しかかからないこともあって、一日一〇〇〇人もの利用者が訪れる、とてもにぎわいのある図書館である。

今回インタビューに応じてくれたのは、館長のアイルン・エリクセン・ガウスロー（Eirunn Eriksen Gauslaa）さん、副館長でこの図書館での勤務年数が長いメッテ・ディゲルー（Mette Digerud）さん、そして児童司書のパニッレ・ビノー（Pernille Bineau）さんである。

さっそく館内を案内してもらった。

大きな集合住宅の一階部分を占めている図書館には、閲覧室、学習室、集会室、コンピュータルームなどが配置されている。入り口付近には、地元の芸術家やアマチュアグループの作品が展示されていた。館内には「ヒノテーケ（Kinoteket）」と呼ばれるミニシアターもあって、映画上映がしばしば行われているということだった。

マヨールストゥーエン図書館外観

左側が館長のガウスローさん、右側が副館長のディゲルーさん

児童司書のビノーさん

## 民主主義コーナーに掲げられた首相のメッセージ

私たちがこの図書館を訪問したのは二〇一一年八月末のことで、オスロで起こった痛ましいテロ事件からほんの一か月しか経っていなかった。図書館の書架には、テロの直後に出されたストルテンベルグ首相の民主主義擁護の声明の一節を掲げて（四一ページ参照）、関係図書を集めたコーナーができていた。

テロによる爆発のために建物が破壊されたオスロ・コミューンの中央館であるダイクマン図書館は、一時的に休館に追い込まれていた。そのため、オスロで二番目に大きいマヨールストゥーエン図書館に中央図書館としての業務が回ってきて、多忙を極めていたらしい。そのような非常事態にもかかわらず、ガウスローさんたちは心よく私たちのインタビューに応じてくれた。

マヨールストゥーエンという所は学生が多いため、毎年四分の一の居住者が入れ替わるという地域である。人口に

急遽設置された民主主義を考えるコーナー

占める高齢者の割合が高く、子どものいる世帯がほかの地域に比べると少ない。利用者はバラエティに富んでいるが、やはり学生と高齢者の利用者が目立つということである。子どものいる世帯は少ないのだが、この地区で働いている人のための保育園が多いので（八四ページ参照）貸出の三分の一は児童書である。「通勤の途中に児童書を借りていく保護者が多い」と、話していた。

## 俳優が図書館に読み聞かせに来てくれる

まず、児童司書のビノーさんが、図書館が行っている児童サービスについて話してくれた。経済協力開発機構（OECD）が行っている国際的な学習到達度調査（PISA）には、「読解力」という項目がある。二〇〇三年に実施されたこのテストで、ノルウェーは上位一〇位以内に入ることができなかった。同じ北欧のフィンランドがこの調査で常に上位に入っているのは、公共図書館に子どもたち

読み聞かせの親子

がよく通って読書をするからと報じられたこともあって、ノルウェーの図書館界は子どもたちの読書に本腰を入れて取り組みはじめた。

ビノーさんによれば、図書館界で一番力を入れているのは小学校を対象としたプログラムで、クラスごとに図書館に来てもらうという「学級招待」である。マヨールストゥーエンでは、地区にある小学校の三年生全員をクラス単位で図書館に招き、図書館カードをつくってもらって利用回数の増加に努めている。

ノルウェーの学校図書館は、残念ながら学校によってかなりの格差がある。校長が図書館に対する理解があって予算が多くついている学校は充実しているのだが、厳しい予算枠に苦しんでいる所が多い。このような状況があるため、公共図書館は積極的に教育機関に対して働きかけをしているという。また、保育園児に対する読み聞かせにも力を入れていて、希望する保育園に予約を入れてもらって順番に行っている。その予約状況だが、すでに満杯状態ということだった。

図書館での読み聞かせは児童司書が行っているが、時には俳優に来てもらって読み聞かせをしてもらうこともあるという。俳優による読み聞かせはとても人気があるから頻繁に行いたいところだが、プロの俳優の場合は出演料を支払う必要がある。決して潤沢とは言えない予算では、ほかのプログラムのことを考えるとやはり難しいと言っていた。

そこで最近、オスロ専科大学のストーリーテリング専門コース(1)で勉強中の学生に図書館に来てもらうことにした。学生にとっては技術を高めるチャンスだし、図書館としては無料でプロ級の読み聞かせをしてもらえるという、双方にとって益のある方法である。また、養成コースを卒業した学生が、ともに読み聞かせをしていた何人かに声をかけて、とても安い値段でストーリーテリングをしているという。

保育園での読書振興のカギは、とにかく保育士が読書の重要性を認識しているかどうかにかかっている。そのため、図書館では保育園の職員を朝食会に招いて、幼年期における読書の重要性を話し合う機会を設けている。とはいえ、忙しい保育士に朝食会に来てもらうだけの時間をつくってもらうのが至難の技となっている。

## 成人への読書推進

成人男女に対する読書振興については、館内で小さな工夫を重ねている。その例としてディゲルーさんが紹介してくれたのは、利用者同士の相互推薦システムである。これは、いわゆる「本の帯」を推薦スペースにして、利用者が感動した本や音楽ＣＤ、映画の感想や推薦理由を図書館

---

（１）（Fortellerkunst på Høgskolen i Oslo og Akershus）専科大学（Høgskole）とは、実学関係領域の教育を担う高等教育機関。

が用意した紙に書いて本にくるんで配架し、ほかの利用者に向けて読書をすすめるというやり方である。最近はブログやＳＮＳなどを使った本の相互推薦が盛んだが、こんなシンプルなやり方があるのだなあと、逆に新鮮な感じを受けた。

先にも述べたように、ノルウェーにかぎらず北欧全体では読書会が盛んだが、マヨールストゥーエン図書館でもいくつかの読書サークルが活動している。たとえば、高校の教員が講師を務める読書サークルでは、単に本を読んで感想を述べ合うだけでなく、特定の問題について深く議論するという本格的なものとなっている。

ここの読書サークルには二つのタイプがある。一つは、利用者の自発的な活動にまかせて図書館は資料と集会室を貸し出すだけのタイプ、もう一つは、司書が読書会で取り上げる本や進行に積極的に関与するタイプである。

今、計画しているのは、主たる参加者を男性に想定した読書会という。読書会と言えば、やは

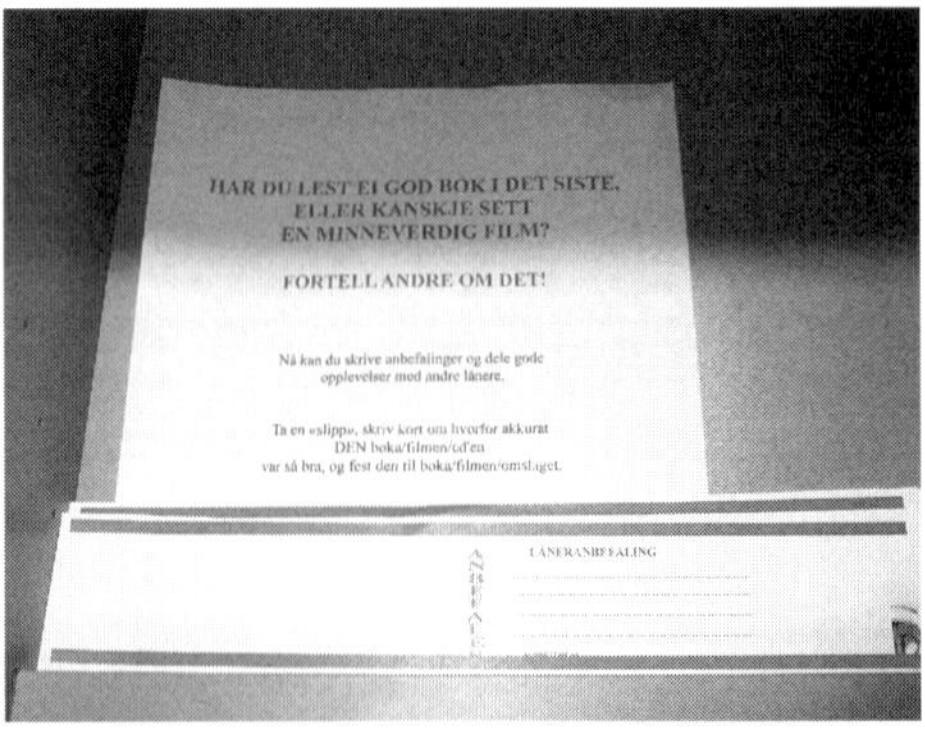


「本の帯」を使った利用者同士の相互推薦システム。下に見える細長い紙片が本に巻く帯

り参加者は圧倒的に女性が多くなる。なかなか読書会に参加しない男性をターゲットにして、推理小説をテーマに読書会を開く予定だと言っていた。開始時間を一八時として、職場帰りの男性利用客を参加者として期待しているとのことだった。

## 学習サークルからはじまった語学講座

マヨールストゥーエン図書館では、フランス語とイタリア語の講座が定期的に開催されている。現在では図書館プログラムとして定着している語学講座であるが、自然発生的にできあがったサークルが講座の出発点だった。

フランス語の教員をしていたある利用者が図書館の集会室でボランティアとしてフランス語を教えはじめたところ大変に好評で、生徒のほうから「ぜひ、お金を払ってでも受けたい」という希望が出てきたそうである。そのため、正式に図書館のプログラムとして認め、図書館が会費を徴収し、講師への支払いやプログラムの調整など運営を担当するようになった。

同じような形でイタリア語の講座も開催している。値段は、二〇回で六〇〇クローネ（約八四〇〇円）。民間の語学学校に比べて破格に安い値段となっているのは、言うまでもなく図書館内の講座だからである。ちなみに、受講生の数であるが、フランス語は約三〇人、イタリア語は約一〇名が登録していると言っていた。

## 遊牧民テントの中で物語のフルコースを味わう

マヨールストゥーエン図書館の近くには、二〇〇体を超える彫刻で有名なフログネル公園（Frognerparken）がある。ディゲルーさんは、この公園を会場にして行われた読書プログラムのエピソードを聞かせてくれた。

図書館が企画したのは、エキゾチックな雰囲気で物語を楽しむというプログラムだった。まず、会場に中東・北アフリカの砂漠に住むアラブ系の遊牧民「ベドウィン」が住んでいるようなテントを設置し、「図書館レストラン」と銘打って朗読会を開いた。

「図書館レストラン」とは、参加者からリクエストしてもらって、前菜・メイン・デザートにふさわしい物語を司書が朗読をするというものである。図書館とはまったく異なる雰囲気のなかで、参加者は本の世界を多いに楽しんだという。

こんなイベントが成り立つのは、もともとノルウェーが

200以上の彫刻があるフログネル公園

物語や詩を朗読する文化を大切にしているからである。普段の生活のなか、ちょっとしたパーティーなどの場で詩を朗読することはそんなに珍しいことではない。時には電車や路面電車内に吊されている広告にも詩が書かれている、そんな国がノルウェーなのだ。でも、このイベントで司書が途中から利用者に朗読をお願いしたところ、みんな恥ずかしがって読んでくれなかったという。物語や詩が大好きなノルウェー人は、意外にも恥ずかしがり屋さんが多いようだ。

詩と言えば、ブスケルー・フィルケ（Buskerud fylke）、オストフォル・フィルケ（Østfold fylke）、ヴェストフォル・フィルケ（Vestfold fylke）の三つの図書館が、ノルウェー文化評議会（Norsk kulturråd）と国立図書館の助成金を得て詩の配信をはじめたというニュースが〈季刊・北欧図書館（*Scandinavian Library Quarterly*）〉において紹介されていた。

詩が大切にされている国とはいえ、やはり推理小説などに比べるとマイナーな文学表現であることは間違いない。そのため、日常生活のなかに詩を取り入れて、もっと身近に詩を楽しんでほしいと考えたのがプロジェクトの発端だった。数分で読める詩は忙しい現代社会にぴったりだし、詩を読むことで新鮮なアイデアを得ることもできる。古くから存在する伝統的な文学メディアをメールという情報技術を用いて読者に届ける、そんな斬新なサービスはとてもノルウェーらしい。

司書が厳選した詩を、家にいながらや旅行中でも楽しむことができるというこのサービス、実は当初、子どもを対象としたものだった。詩の表現やリズムが言語能力の向上にとってよい影響を及ぼすことを知っていた司書は、何よりも暗唱することで生涯の糧となると思っていた。まずは、詩のメールマガジンが保育園の職員や学校の教師に配信され、子どもたちに読み聞かせを行ったのである。

図書館や保育園、学校の掲示板、エレベーター、食堂やカフェに「今週の詩」が貼られた。この試みが大好評となったため、大人向けの「e-ポエム（e-diktet）」がはじまり、現在では五〇〇〇人ものメールマガジン登録者が毎週一篇の詩を楽しんでいる。多くの詩人が、新たな読者を得ることに喜びを感じているにちがいない。ちなみに、「e-ポエム」に掲載されると詩人に補償金が支払われている（**コラム3**参照）。多くの人に詩の再発見を促したこの企画は、図書館と出版の専門雑誌『本と図書館（*Bog og Bibliotek*）』が主催する、図書館で実施されている優れたサービスを表彰するコンテストで優秀プロジェクト賞に輝いている。

## 高齢者アカデミー

ノルウェーの定年は六七歳だが、早期に退職して年金生活に入る人もいるので、年金生活者といっても多様なライフスタイルが存在している[2]。そのため、フルタイムで働いている人に比べると自由になる時間を多くもつ高齢者を対象に、ノルウェーでは生涯学習プログラムがたくさん用意されている。とくに、「高齢者アカデミー（Eldreakademiet）」と呼ばれる生涯学習プログラ

## コラム3　ノルウェー文化を守る補償金制度

補償金制度とは、図書館で特定の資料が何回も複数の人に貸し出されることによって著作者が本来得るであろう収入が減ってしまうことを認め、その補償を行う制度である。世界では、デンマークがもっとも早く1946年にこの制度を導入している。ノルウェーは、デンマークについで1947年に制度を導入した。

補償金を支払う仕組みは「公共貸与権制度」と呼ばれ、公共図書館の利用率が高い北欧諸国を中心に採用が進み、近年EU諸国にも広がっている。「公共貸与権制度」は、使用者が少ないノルウェー語とノルウェー文学を保護することも重要な目的の一つとなっており、第6章で述べる出版助成制度と並んでノルウェー文化の保護政策の要となっている。

参考文献：（1）『デンマークのにぎやかな公共図書館』p.189〜192（新評論、2010年）
（2）『読書を支えるスウェーデンの公共図書館』p.216〜218（新評論、2012年）

ムが高齢者に対してさまざまな学習機会を提供しているのだが、そのプログラムの多くが公共図書館を拠点にして展開されている。

マヨールストゥーエン図書館も、これまで生涯学習プログラムに積極的に取り組んできた。図書館が地域の高齢者協会[3]と連携して、学習意欲のある高齢者を対象して「マヨールストゥーエン／フログネルシニアアカデミー（Frogner seniorakademi）」を企画したのは一九九六年のことだった。それ以来、高齢者が多く住んでいるマヨールストゥーエンではさまざまな講座が図書館で開かれ、多くの高齢者がプログラムに参加している。

講座は、六〇歳以上であれば誰でも参加できるものとなっている。高齢者協会の会費（年会費三〇〇クローネ・約四二〇〇円）を払っている会員であれば無料で、非会員は一回ごとに参加費（五〇クローネ・約七〇〇円）を払って参加する。講師への謝礼やプログラムの運営費を負担しているのはコミューンである。

テーマは文化から政治まで多領域にわたっている。たとえば、二〇一一年の秋に開かれた講座のラインナップは、ノルウェー放送協会（Norsk rikslingkasting：NRK）の元ワシントン特派員を講師に招いたアメリカの大統領選挙についての講演会、ノルウェー民族博物館の上級学芸員による家族社会学についての講座、美術史家による図像学の美術的解釈についてのものであった。

高齢者アカデミーが主催する講演会の案内

図書館が先鞭を切ってはじめたこの高齢者アカデミーであるが、年を追うごとにコミュニティー内で類似のプログラムが多くなってきたこと、そして図書館のすぐ近くにシニアセンターができたこともあって、二〇一二年度からはこの事業から手を引くそうである。長くこのプログラムを担当してきた司書が定年を迎えることも、事業撤退の理由となっている。いずれにせよ、図書館が地域に仕掛けた文化的刺激という意味では、高齢者アカデミープロジェクトは成功裏に終わったと言えるだろう。

シニア世代を対象としたコンピュータ講座に関しても、マヨールストゥーエン図書館はパイオニア的な存在として知られている。ここの図書館が最初に高齢者向けのコンピュータ講座を開催したのは一九九七年だった。つまり、一般市民にようやくコンピュータが普及した時期とほぼ同じころである。電話会社の大手である「テレノール（Telenor）」の社員が話をもちかけてきたのがきっかけだったそうである。

図書館としては、情報弱者という立場にある高齢者に対して情報リテラシー支援に力を入れた

（2）六二歳からは年金の一部をもらうことができるので、仕事の量を減らして年金生活にシフトすることが可能である。六七歳になると年金が全額下りるようになるので、ここで完全な年金生活にシフトする場合が多い。七〇歳までは本人の希望によって就業が可能であり、七〇歳以上になっても、とくにその人が必要とされることが認められると一年ごとに雇用契約を結ぶなどして働き続けることが可能である。

（3）（Eldreråd）地域の高齢者福祉政策に対して意見や助言を与える諮問機関。高齢者の生活環境や社会活動に関わるさまざまな問題を扱う。

いと考えていたし、通信会社のほうでは、高齢者は今後の重要な顧客になると思っていた。双方の利害関係が一致したところではじまったのが、図書館での高齢者向けコンピュータ講座である。途中からEUの文化プロジェクトとして認可されたため、補助金が付くようにもなった。

二〇一一年の秋、新しい企画として高齢者対象のブログ作成講座「Hello World」が計画された。三日間のコースからなる講座で、一日目はブログ作成にかかわるコンピュータの使い方、二日目は写真の加工について、そして三日目には、講座の集大成として実際に自分のブログを立ち上げて世界に向けて公開するというものである。館内のコンピュータルームにある四台のデスクトップマシーンのほか、ノートパソコンを中央館から借りてきて開催する計画だとうかがった。

## コミュニティー内で確固たる役割を担う図書館

ガウスロー館長に図書館の課題を尋ねたところ、「とにかく大賑わいの図書館なので、空間が不足している」という点を真っ先に挙げた。混んでいる時間帯などは、床に座り込んで本を読んでいる利用者もいると言う。また、同じく利用者が多いことに関連する課題として、「職員が利用者の対応に追われ、図書館で行うプログラムをじっくりと企画する時間がもてないことも悩みの一つ」と言っていた。

そんな忙しい状況のなかでインタビューに応じてくれたガウスローさんをはじめとするマヨー

ルストゥーエン図書館の職員が、利用者を信頼し、尊敬していることがインタビューを通してとてもよく伝わってきた。というのも、「いつも混雑してなかなか十分な対応ができないにもかかわらず、利用者はみんなお互いを尊重しあい、譲りあいの精神を発揮して図書館を使ってくれている」という主旨の発言が何回も出てきからである。

地域社会に開かれた図書館になるためにさまざまなグループと連携していきたいし、すでに実行に移していることを館長は力強く語ってくれた。これからやりたいことはいろいろあるが、プロジェクトはマヨールストゥーエン図書館だけで決めることはできない。オスロ・コミューン全体で図書館が成し遂げる目標があり、その目標の達成のための戦略が必要となる。マヨールストゥーエン図書館をはじめとする各分館は、コミューンとしての目標を視野に入れて、自らができることを考え実施していく時期に来ている。

そして館長には、コミューン全体のなかでの役割を担いつつ、地域の人びとに密着したサービスを提供していくというバランス感覚が求められている。若くて経営感覚に優れたガウスローさんと、マヨールストゥーエンでの経験が長いディゲルーさんのコンビネーションなら、この難しい舵取りをうまくやっていくことだろう。

# 2 語り合うことでお互いの人生を共有する試み

## ――トーショーヴ図書館（矢部・吉田）

トーショーヴ図書館（Torshov bibliotek）はオスロ市街地の北部に位置しており、地区住民は三万人。インタビューに応じてくれたのは、イングヴィル・ファルク（Ingvil Falch）館長と児童司書・障碍者サービス担当のヘーゲ・フィンセット・アイズセーテル（Hege Finnset Eidse-ter）さんである。図書館の話をはじめる前に地域の状況を知ってもらいたいと、まずは地区周辺の歴史と特徴を話してくれた。

トーショーヴは、一〇〇年ほど前まで工場での労働者を中心とする町であった。その後、徐々に移民が住むようになったが、その移民も次第にオスロ近郊へと移動し、情報技術関連の企業がこの地区に移転してきたことで若い世代がこの地域に移り住むようになった。二〇代から五〇代の

トーショーヴの街角

住民が比較的多く、高齢者人口は減少傾向となっている。

高学歴・高収入の住民がいる一方で、コミューンが提供している低所得者対象の集合住宅の二〇パーセントがトーショーヴに集中していることもあり、児童保護(4)の対象となる子どもが八パーセントから一〇パーセントいる。つまり、この地域は世代も職業も価値観も異なる住民が住んでいるため、緊張関係をはらんだコミュニティーとなっている。だからこそ、図書館の仕事も多様な利用者に対するサービスが求められており、「やりがいがある」とファルクさんは言っている。

図書館がもっとも力を入れているのが、地域の歴史や地域の特徴を生かしたサービスである。私たちが訪問したときには、ちょうど手芸作品のミニ展示会が行われていた。地元への思いを手芸

(4)（Barnevaeern）児童保護とは、経済的な理由、その他さまざまな原因により保護者が子どもに対し適切な養育を行うことができないときに、児童福祉法（Lov om barnevernjenester）に基づいて必要とされるケアを行政が行うことを指す。

地元の人が気軽に立ち寄る下町の図書館

右側が館長のファルクさん、左側が児童司書のアイズセーテルさん

で表現した作品が壁に展示されていた。その一つを見ると、「オスロじゃなくて、トーショーヴに住んでるんだ」と書かれている。「東京じゃなくて浅草に住んでるんだ」という感覚だろうか、地元に対する深い愛着が読み取れる。

そして、もう一つの重点課題となっているのが、住民の二〇パーセンがエスニックマイノリティであるという状況を反映して、ノルウェー以外の文化的な背景をもっている利用者へのサービスである。

エスニックマイノリティの子どもたちへの読書サービスは、トーショーヴ図書館がとくに力を入れて行っているプログラムであるとファルクさんは強調した。読書は人間の発達にとって重要な影響力があるし、視野を広げ、何よりも言語能力を高めるために効果を発揮する。

このプログラム、実際には地域の学校と密接な連携のもとで実施されている。その一つが、ノルウェー社会に溶け込むための「適応プログラム」として設定されている授業である。授業では、図書館が課題図書として一冊を子どもに示し、一週間で読んできてその本

地域への愛情が示されたTシャツ

多言語版の生活情報パンフレット

についてノルウェー語でプレゼンテーションを行うというものである。本を読みこなす力と、人前で自分の意見を述べるという力の両方を伸ばすことがプログラムの目的となっている。

現在、図書館で受けもっているクラスは二〇クラスに及び、この地域に住む約半数の子どもがプログラムに参加している。参加希望はたくさん寄せられているのだが、受け入れ数に限界があり、待ってもらっている状況なのだとか。児童サービスにとても力を入れているファルクさんは、「本当は児童司書が五名ぐらいほしいところなんだけれど、実際には一・五人分のポストしかない」ことをインタビューのなかでしきりに嘆いていた。

小学校だけでなく、保育園での読み聞かせにも力を入れていると言う。保育園にもノルウェー語が話せない子どもが相当数いるので、事前に読み聞かせの本を保育士に伝え、少し勉強をしてもらってから司書が保育園を訪問すること

児童室の一角にあるタペストリーとだいぶくたびれたソファ

になっている。「子どもたちは、文字は分からなくても絵と声の雰囲気で身を乗り出して聴いてくれるんです」と、読み聞かせ名人でもある児童司書アイズセーテルさんは楽しそうに伝えてくれた。

### アクセスが困難な人に向けてサービスを展開

トーショーヴ図書館は、先進的な障碍者サービスを行っていることでも知られている。「誰にとっても使いやすい図書館プロジェクト（Accessible Library Project）」は、まずフィルケの福祉担当部署との連携のもとに二〇〇一年にはじまった。プロジェクト自体は二〇〇四年に終わったが、トーショーヴ図書館では自らも視覚に障碍をもつ司書のアイズセーテルさんが中心になって、すべての人に開かれた図書館をめざしてプロジェクトが継続されている。

プロジェクトには、「図書館のバリアフリー化」、「資料のバリアフリー化」、「ウェブサイトのバリアフリー化」という三つの柱があるとエイドゥセテルさんは教えてくれた。このなかでもウェブサイトのバリアフリー化については、オスロ・アーケシフス専科大学の図書館文書館情報学専攻（Høgskolen i Oslo og Akershus, Bibliotek-, arkiv-, og informasjonsfag）と連携して研究が進められているという。

いわゆる一般的な活字図書の読みに困難をもっている利用者に対して図書館は、これまで図書と音声メディアが一緒になった録音図書や、図書と音声を磁気メディアに収めたCD-ROMを提供してきた。とりわけ現在は、マルチメディア形式の「DAISY（デイジー）」資料が増えつつある。DAISYとは、「Digital Accessible Information System（国際デジタル録音資料制作システム）」の略称で、テキスト・画像・音声を用いたマルチメディア形式の資料を製作する際の標準的な様式を定めたものである。

DAYSY資料はパソコンでも視聴できるほか、操作が簡単な専用の再生装置がある。アイズセーテルさんはDAISY資料を利用者に積極的に使ってもらおうと、この機械の使い方を教えてきた。しかし、今後はこうした機械を使わずインターネットから直接パソコンにダウンロードして、コンピュータ上で資料を読むことが主流になるから、「今度はダウンロードの仕方を教えなければならないと思っています」と言いながら、情報技術の進展の早さにあわせて利用者を適切にガイドしていくことの難しさを語っていた。ちなみにアイズセーテルさんは、図書館が提供している多様な資料についてさまざまな場所で講演を行っている。

### 「すべての人のための図書」コーナー

ところで、ノルウェーにはすべての公共図書館に、通常の活字を読むことが困難な利用者のための資料、大活字本、録音図書などを集めた「すべての人のための図書（Bok til alle）」（二一一ページ参照）と呼ばれるコーナーがある。このコーナーは、多くの所では一般書架のなかに設けられているのだが、トーショーヴ図書館では独立したコーナーになっている。障碍者サービスに力を入れているトーショーヴ図書館らしいと思って、「この図書館では『すべての人のための図書』コーナーがとても目立っていますね」とほめる意味を込めて質問してみたが、想像していたのとは少し異なる答えが戻ってきた。

アイズセーテルさんによれば、読書について問題をもっている人にとっては、コーナーを独立させることは必ずしもよい面ばかりではないそうだ。図書館に入ってすぐこのコーナーが目につくのはよいのだが、このコーナーがほかの書架よりも目立ってしまうことはむしろ欠点なのかもしれない。

「読書に困難を感じる人は、図書館に行くというそのことだけでもかなりハードルが高いのです。まして、特別コー

「すべての人のための図書」のコーナー

ナーに行くことで自分が特別視されていることを感じてしまう」と、アイズセーテルさんは言う。だからこそ、特別のコーナーにある資料の一部を普通のコーナーへも配置して、「アクセスできるチャンスをなるべく多くしておくことがよい」とアイズセーテルさんは考えているそうだ。

## 世代を超えて人生を共有する

トーショーヴ図書館でも高齢者サービスに力を入れている。地元の高齢者団体と連携して、先にも紹介した「高齢者アカデミー」の講座を集会室で開催してきた。ここで参加者同士が知り合いになって、読書会をはじめたり、新しい勉強をはじめるといったこともよくあるそうだ。なかには、長い国土の最北端、北極圏のスヴァールバル島（Svalbard）まで旅行に出掛けていったというアクティブなグループもいたという。

「少し前のことだけど、高齢者を対象とした活動で、ぜひお話したいプログラムがある」とファルクさんが話してくれたのは、高齢者の体験を同世代で共有し、次世代に伝えるプログラムのことだった。このプログラムは、高齢者の経験を実証的なデータとして残すためのものではなく、みんなで集まって経験を分かちあい、伝えあうことを目的としているのだとファルクさんは強調していた。

先にも述べたように、トーショーヴは工場労働者の町から発展した地区で、昔からの住民と新しい住民では、ずいぶんと違ったタイプの人びとが混在して住んでいる。かつての町の様子や生活を、新しくこの地区に来た人と分かちあう必要があるとファルクさんは考えたのである。だからこそ、みんながごく自然に集まれるトーショーヴ図書館がこのプログラムの実施場所として選ばれた。

プログラムを企画したファルクさんたちがまず目を付けたのは、紡績工場に長い間勤務していた二人の女性だった。この二人、語りの技術が群を抜いてすばらしかった

毎週水曜日、図書館に集まって昔の話を聴く会がはじまった。最初は高齢者同士で話を聴きあうものだったが、その内容がぜひ世代を越えて伝えたいものだったため、出前授業として学校にも語りに行くようになった。話は、学校、遊び、生活、季節の行事などバラエティーに富んでいた。もちろん、二人の親や祖父母の時代にまで語る内容が及んでいたため、子どもたちにとっては何世代にもわたる壮大な生活史に触れるとてもよい機会となった。

## 移民が語る自分史

高齢者による自分史の語りが大変好評だったため、図書館では、同じ催しを移民を対象にしてやってみることにした。ノルウェーでは、移民がノルウェー語を身に付けるために通う語学学校がある。たとえ子どもがいる場合でも、保育園に預けて学校に通うことができる仕組みになって

いる。そのような語学学校がトーショーヴ地区にもあり、その学校と連携して物語プロジェクトがはじまった。

プログラムの目的は、ノルウェーに移住してくる前の一人ひとりのストーリーを参加者同士でシェアすることである。また、その語りは、話者にとっての第二番目の言語であるノルウェー語を使って語られることがプロジェクトにおいては重要な意味をもっていた。

参加者のなかには、戦禍を逃れて命からがらノルウェーに来た人もいた。また、生まれ故郷の内戦によって心に深く傷を負った人もいた。そういう人が物語るということは、辛い記憶を呼び起こすことにもつながる。そのためこの会では、語ることが困難なテーマについては強いることはせず、自分で表現したいテーマを話してもらうことにした。

出身国で高等教育まで受けてきた人もいれば、小学校に数年行っただけの人もいた。なかには、五〇歳をすぎて初めて自分の名前を書いたという人まで混じっていた。このように、さまざまな背景をもった人が図書館という一つの場所で、同じ物語にただ耳を傾けたのである。

図書館の重要な機能の一つに、人類の知的財産を後世へ継承するという役目がある。実際、「オーラルヒストリー」と称する語りの記録を体系的に残すという試みが世界的にはじまっている。しかし、「トーショーヴ図書館のプロジェクトは、そのような試みとは一線を画しているのだ」と、ファルク館長は言う。つまり、この会にかぎって言えば、人びとが集まり、同じ経験を同じ空間でともにすること、それだけでプログラムは完結していた。

この会の経緯を聞いたとき、物語を伝える人、受け取る人、その営みを支える人がいれば、そこは図書館になるのだということを私たちは改めて感じた。究極的に言えば、本がある必要すらない。そして、物語る行為が人間にとって本質的な営みである以上、図書館がなくなることはない。

北欧の公共図書館を調査で回っている間、「私たちは、資料を提供するだけではありません。文化的な体験を提供するのです」という言葉をさまざまな場所で何度も聞いた。オスロの下町にあるトーショーヴ図書館で、やっとその意味が分かったような気がした。

## ほかの組織と連携することで図書館は強くなる

ファルクさんは、語りの会を含めて、これまでにも図書館のプロジェクトを地域の組織と連携して進めてきた。分野を越えてほかの専門家と連携することで、図書館をより良くすることができると実感している。

「一緒にやることで発揮できる力はより強くなる。そのためには、図書館はその地域についての知識が必要だし、プロジェクトとして実施するための資金がいる。だから、助成金の申請はこの小さな図書館にとってはとても重要な仕事なのだ」と、ファルクさんは強調した。

トーショーヴ図書館は、お世辞にもきれいとは言えない図書館である。建てられてからかなりの年数が経っているし、家具や書架も全体的に古びている。語りの会が行われたという部屋も、学校の教室のようなシンプルな部屋だった。

近頃はモデルルームから抜け出してきたような洒落たミーティングルームをもつ図書館があることを考えると、はっきり言ってかなり見劣りがする。そんな古ぼけた空間だからこそ、利用者がとてもくつろいでいるように見えた。もちろん私たちも、観葉植物が生い茂る少しくたびれた空間でとてもリラックスすることができた。

図書館は物理的な環境がとても大事で、たしかに建物や施設や家具が新しいと図書館サービスの中身も向上する。このことは、すでに多くの図書館で実証済みであろう。ただ、ときどき、建物も什器（じゅうき）も家具も古いけれど、利用者がその古さにしっくりとなじんでいる図書館に出合うと、

年期が入った館内の様子

「建物や施設なんて関係ない」と図書館界の一般論を撤回したくもなる。トーショーヴ図書館は、まさしくそんな図書館だった。

## 3 大学図書館と公共図書館が一体化したニューモデル
### ――ドランメン図書館（吉田）

**古い製紙工場が二一世紀の新しい図書館に変わった**

オスロから電車で西に向かって三〇分ほど行った、ドランメン川沿いの街にあるドランメン図書館が今回の訪問先である。ここは、大学図書館と公共図書館が完全に一体化したニューモデルの図書館として、ノルウェーだけでなく北欧全体からも注目されている。

訪問したのは九月に入ってすぐの平日で、すでに秋の気配が漂っていた。気候が変わりやすいこの季節特有の雨が降っていた。

駅から五分ぐらい歩くと、パピールブレッデン（Papirbredden）という古い製紙工場の跡地が見えてくる。そこがめざす図書館である。この建物にドランメン公共図書館、ブスケルー専科大学（Høgskolen i Buskerud）とブスケルー・フィルケ図書館（Buskerud fylkesbibliotek）ほか、全部で一二もの学術・文化施設が入っている。

入り口を入ると正面に広々としたカフェ、右手に図書館、左に書店と専科大学の建物がある。カフェはドランメン川に面していて、この建物に三つある専科大学の学生食堂であるとともに、市民の憩いの場となっている。このカフェ、お昼時ともなると大混雑する。ビュッフェ方式のワゴンから好きなものを取ってきて、席を確認するとみんなにぎやかに食べている。図書館の向かいにある書店は、全国チェーンの「ノルリ（Norli）」である。教科書なども売っていて、同じ建物に入っている専科大学の学生にとってはとても便利だ。

図書館の前はオープンスペースになっていて、いつもなにがしかの催し物が行われている。ピアノも置かれており、コンサートがよく開かれると聞いたが、四階まで吹き抜けになっているから音響もいいのだろう。

今回、ノルウェーでも注目を集めているこの新しい図書館を案内してくれたのは、マーケティング部長（Seksjonsleder / Marked-savdelingen）のレーナ・ヒッレスタ（Lena Hillestad）さんである。文化部長（Kultursjef）のトーネ・ウルトゥヴェイトーモー（Tone

ドランメン川から望む図書館全景

古い製紙工場の跡地に図書館ができた

Ulltveit-Moe）さんとともに、図書館の企画運営を統括している人である。

ドランメン図書館が知られるようになったきっかけは、二〇〇七年に公共図書館、大学図書館を完全に融合した図書館としてリニューアルオープンしたことだった。正確に言うとこの図書館は、地域住民のための公共図書館であるドランメン図書館、この地域のフィルケレベルの図書館であるブスケルー・フィルケ図書館、そしてブスケルー専科大学図書館という複数の組織から成り立っている。

学校図書館と公共図書館の複合施設は割とよく見かけるが、さすがに大学図書館と公共図書館の複合施設というのはノルウェーでも珍しい。当然、見学者も多く、ヒッレスタさんはその対応を一手に引き受けているという。インタビューをしている最中も電話がたびたびかかってきたり、直接部屋まで来てヒッレスタさんの指示を仰ぐ人がたくさんいて、本当に忙しそうであった。まずは図書館全体を案内してもらいながら、サービスの内容などにつ

図書館に隣接する書店

学生食堂が市民の憩いの場所にもなっている

いてお話をうかがった。

## 公共図書館と大学図書館はなじんでいる

本の貸借や返却を自動貸出機・返却機で行うことはノルウェーではごく普通のことだが、ドランメン図書館の場合、返却された本が自動的に主題ごとに分類される機械が設置されている。大学ではよく見られるこのような設備、ドランメンの場合も専科大学の図書館と一緒になっているという理由から自動ソート機能付きの機械が導入されたそうだ。

ちなみに、分類された本は、自動的に配架用ブックトラックに積み重なっていくようになっている。このブックトラックは、自由に角度を変えることができる。ヒッレスタさんは、「このブックトラックを導入するようになって、職員の腰への負担がだいぶ軽くなった」と言っていた。図書館の仕事は見た目よりずっと肉体労働であるから、用具の工夫によって職員の肉体的な負担を取り除くことはとても重要なことである。

図書館の企画・運営の責任者レーナ・ヒッレスタさん

一階は児童室になっている。二つのゾーンに分かれていて、絵本を置いているコーナーと、児童書が読めるようになった年長の子ども向けのコーナーがある。二階はヤングアダルトコーナー。ノルウェーではお決まりのコミックコーナーがあって、翻訳された日本のマンガがたくさん置いてあった。

三階は成人向けのコーナーだが、ここからは学生の数がぐっと多くなる。そして、四階、五階、六階には、ブスケルー専科大学、テレマルク専科大学（Høgskolen i Telmark）、ノルウェー経営学専科大学ドランメン校（Handelshøyskolen BI／Drammen）の三つの専科大学の教室や事務室がある。

三階に置いてある専科大学の蔵書は、一般市民も自由に閲覧や借りることができる。司書に相談できるレファレンスカウンターは三つあって、それぞれ一般市民からの相談、専科大学の学生からの相談、コンピュータ関連の相談に応じられるようになっている。

パソコンは階ごとに利用者が決まっていて、一、二階は市民向けのものが置いてあり、図書館カードのユーザーIDとパスワードを

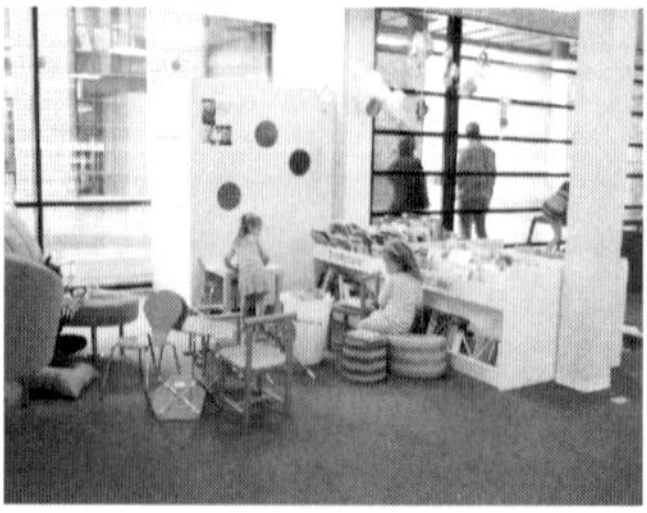

児童室の子どもたち

ヤングアダルト向けの新着図書コーナー

使って一回につき最大三時間まで利用できるようになっている。三階から上のコンピュータは専科大学の学生専用である。このほかにも、館内にはいくつかの研究個室が設けられていた。

公共図書館が管轄する「キャリア支援センター」は、図書館を出てすぐの所に別のスペースを設けて造られている。専門的な訓練を受けたカウンセラーが職業や教育にかかわる相談に応じており、相談者それぞれにあった進路の選択や資格などについて相談できるほか、求人情報も入手できるという。もちろん、相談は無料である。

### あらゆる年代の人びとが図書館にやって来る

ドランメン図書館の開館時間は、月曜日から木曜日が八時半から一九時半、金曜日は一六時閉館、土曜日は一〇時から一五時となっている。また、一〇月から三月までは、日曜日も一一時から一六時まで開館している。この開館時間は、ノルウェーの普通の図書館に比べるとかなり長いと言える。住民からすると、朝から

左手奥がキャリア支援センター

利用者ごとに分けられた三つのレファレンスカウンター

晩まで開いているので気軽に立ち寄れるとっても便利な場所となっている。

この図書館を利用している人たちはかなりバラエティーに富んでいる。あえて主な利用者を挙げるとすると、学生、高齢者、そして移民の男の子となる。普通の図書館であれば移民の女の子が常連の利用者となるのだが、ドランメン図書館の場合はコンピュータゲームの提供を積極的に行っていることもあって移民の男の子が多く来ているようだ。

この図書館がオープンしてから、以前よりもずっと長居する利用者が多くなった。とくに、子ども連れの家族にその傾向が強いらしい。逆に、あまり来ない年齢層は三〇代から五〇代の人びとと言っていた。来館しても、本を借りるだけですぐに帰ってしまうそうだ。

大学図書館を兼ねているため、学生向けのサービスは当然のことながら大変重視している。研究のための資料提供や学習相談、コンピュータに関する相談を学生専門窓口で受け付けている。公共図書館と大学図書館が一緒になることで問題はないかどうか聞いてみたところ、「概ねうまくいっている」という答えが返ってきた。もちろん、公共図書館と大学図書館では必要とされる資料の種類も異なり、利用者のニーズも違う。そのため、図書館が一緒になってからはとくにスタッフ同士の連携を密にするように工夫をしたらしい。

「問題がない」とは言えないにしても、図書館が連携することの利点のほうが多いとスタッフは感じている。とくに、「司書という専門職同士で、お互いに学び合える点が発見できたことは非常にプラスになった」とも言っていた。

## 地元の文化団体との連携プログラム

ドランメン図書館では、毎日のようになにがしかのプログラムが開かれていて、展覧会、講演会、コンサートなど、その内容もバラエティーに富んでいる。ちょうど私が訪問した日も、地元の絵画サークルが図書館の前で展示会を行っていた。地域の団体と図書館が連携して行われるプログラムにはどんなものがあるのかとヒッレスタさんに尋ねたところ、「ほとんどすべての行事が、地域のサークルとの共同開催となっています」という答えであった。

この言葉を裏付けるように、リニューアルしてからというもの、ドランメン図書館はまさにコミュニティーの文化の中心的存在となっている。多くの団体が、図書館を利用して自分たちの活動を展開したいと希望しているそうだ。図書館で行われるプログラムの特徴は、なんと言っても無料であることだ。ヒッレスタさんは、「それが、図書館の重要な役目だと考えている」と言っていた。図書館はすべての人が公平に情報と文化にアクセスするための重要な砦なので、無料であることはとても大切な原則となる。

もちろん、図書館側にもメリットはある。地域に根ざしていて、しかもバラエティーに富んだ文化イベントを継続的に提供できるということは、その位置づけを高めることになる。現時点ではプログラムの予定は完全に埋まっていて、予約待ちのグループがたくさんあるということだった。また、館内のあちこちに展示されている各団体の案内ポスターを見ると、図書館が地元のさまざまな文化グループの活動を積極的に紹介していることが分かる。図書館が地域のイベント情報のハブとなることで、さらに利用率が高まるのだろう（第1章のトビラ写真参照）。

## 若者文化を全面的に受け入れる

すでに紹介したように、ドランメン図書館と言えば、コンピュータゲームを積極的に導入していることで北欧でも有名な図書館である（七二ページ参照）。ヒッレスタさんも、コンピュータゲームに対して肯定的な意見をもっていた。私が訪れた二〇一一年も、一一月一一日に恒例の「ゲームの夕べ」が夜を徹して開催されていた。

「ゲームの夕べ」は、図書館の「ポップクルト（Popkult）」部門のサービスの一つでもある。図書館界では、普通、中学・高校生向けのサービスを「ヤングアダルトサービス」と称して、ティーンエイジャーが好む資料を揃えて特別なサービスを行っている。ドランメン図書館では、こうした「ヤングアダルトサービス」と呼ばれるサービスに対し、少し切り口を変えて「ポップカルチャーサービス」として展開しているのだ。

ポップカルチャーコーナーは、年齢を問わずサブカルチャーやポップカルチャー愛好家のために設けられたスペースである。ポップカルチャーに詳しい司書が選りすぐったマンガ、サブカルチャーを扱った雑誌、ＤＶＤ、コンピュータゲームなどが豊富に揃えられていた。

## 図書館はコミュニティーの生涯学習の拠点

インタビューが終盤に近づいたので、ヒッレスタさんに今後の目標を聞いたところ、ほとんど瞬間的に「ドランメン図書館が、コミュニティーの生涯学習の中心地となることです」という答えが返ってきた。

ヒッレスタさんにとっては、図書館が今行っていること、すなわち資料や情報の提供や地元の文化団体と連携した文化イベントの開催などのすべてが、住民に対する生涯学習の場の提供ということに結び付いている。だからこそ、今のサービスを続けていき、図書館が地域の生涯学習の拠点として位置づけられるようにしたいという強い思いがあるのだ。

スケートボードがアクセントになっているポップカルチャーコーナー

ヒッレスタさんに広い館内を隅々まで案内していただき、お話をうかがうだけで午前中はあっという間にすぎていった。その後、館内でゆっくり過ごすことに決めて、まず学生で大にぎわいの学生食堂兼カフェで食事をした。外食の値段が高いことで世界でも有名なノルウェーだが、ここだとボリュームがあって温かい食事をそこそこの値段でとることができる。

何と言っても、ドランメン川を望むロケーションはほかに比べることができないほどすばらしい。滔々と流れる川の水を見ているだけで時間がすぎてゆく。ふと気付くと、学生は次の授業に行ったのか、あっという間に広いカフェは人がまばらになっていた。残っているのは、時間を気にしなくてもよい旅人の私と、少し歳のいった地元の人らしき数グループだけだった。

お腹がいっぱいになったところで再び図書館に戻り、もう一度、上階から順々に見て回った。説明を受けたあとなので図書館の設備がよく分かる。三階で脇目もふらず勉強に没頭する大学生と、二階でリラックスして読書を楽しむ一般利用者とのコントラストがいかにもこの図書館らしい。ここでだったら、猛勉強に疲れた学生がポップカルチャーコーナーに行って気分転換をしたり、一般市民が三階に上がって高度な専門書を読んで勉強することも可能だ。

古い建物のリノベーション、大学図書館と公共図書館の融合、ポップカルチャーの積極的な導入、どれ一つをとっても図書館サービスの新しい可能性を見いだせる場所、それがドランメン図書館と言える。

# 4 ユニークな発想で読書を刺激する
## ――ヴェストレ・トーテン図書館（吉田）

　次の舞台となるヴェストレ・トーテン図書館（Vestre Toten bibliotek）は、ノルウェーの最大の湖ミョーサ湖の畔の街ヨービクから少し奥に入ったラウフォスという街にある小さな図書館である。この図書館は、実はノルウェーではちょっと知られた図書館でもある。というのも、「オープニング・ザ・ブックス」というイギリス生まれの新しい図書館サービスの仕掛けを導入しているからである。

### 三〇代の若き図書館長が率いる文化センター

「オープニング・ザ・ブックス」についてたくさん質問したいことがあったが、まずはこの図書館の概要から話を聞くことにした。今回インタビューに応じてくれたのは、三〇代半ばの若き館長ミールランさんである。

　ラウフォス地域の主要産業は農業と軽工業で、地元に高等教育機

ノルウェーの最大の湖ミョーサ湖

自然豊かなラウフォス

関はない。図書館が設立されたのは一九七八年のことで、文化センターの一角を借りてのオープンであった。二〇〇六年に建て直しの計画がもち上がり、新しく図書館を建てることになったわけだが、そのリニューアルオープンにあわせて「オープニング・ザ・ブックス」を導入したわけである。

建物を入ると左側にカフェ・レストランがあり、右側に図書館がある。二階は約三〇〇人を収容できる文化ホールになっていて、図書館が主催する作家の講演会やコンサートはこのホールで行っているという。開館時間は、朝一〇時から一九時までとなっている。

館長のモナ・ミールランさん

ノルウェーの図書館のすばらしいところは、街の規模が小さいからといってもサービスが貧弱にならない点である。ヴェストレ・トーテン図書館も同じで、基本的な情報と資料の提供はもちろんのこと、プログラムもたいへん充実したものとなっている。都会では文化的な刺激がたくさんあって図書館の存在そのものが薄れがちだが、ここラウフォスでは、図書館がほとんど唯一の文化提供ができる施設となっている。コンサートや作家を招いての講演会など、地元で本格的な文化イベントに住民が参加できるのは図書館があるからなのだ。

## 地元のラジオ局で本のＰＲ

話をうかがっていて面白いと思ったのは、図書館がラジオ番組に出演していることだ。毎週月曜日、ローカルラジオ局で本の紹介番組があるのだが、その番組にミールランさんともう一人の司書が出演している。「ラジオでしゃべるなんて、緊張しませんか」と尋ねたところ、「最初はちょっと緊張したけれど、生放送ではなく収録は一週間前にすますので大丈夫」とにこやかに答えてくれた。

話す内容について軽く打ち合わせをするだけで、事前に原稿を用意しておいて、それを読み上げたりはしないという。ディスクジョッキーと司書のおしゃべりという形で進行する、ラフな雰囲気をもつプログラムになっているらしい。

ヴェストレ・トーテン図書館外観

ラジオで紹介した本は「おすすめ本」としてカウンターに置かれ、結構人気があるらしいが、「実際にそのラジオ番組をどれぐらいの人が聞いているのかはよく分からない。なんと言っても、ローカルラジオ局だし……」と笑っていた。

## 作家による図書館訪問

ラウフォスは小さい街だが、図書館では全国的にも有名な作家を呼んで利用者と交流するというイベントを積極的に開催している。「文化的な出合いと文化的な刺激を利用者に提供することが、ヴェストレ・トーテン図書館のミッションなんです」と、ミールランさんは胸を張って語った。

どの作家に来てもらうのかを決め、招聘交渉をし、当日の運営、これらすべてを図書館が担当している。小さな図書館にとってはかなり負担となる作業だが、年に四回ほどは講演会を開いているという。

「昔は館内で小規模な講演会を開いていたのだが、最近は文化ホールを会場にして大規模に行うようになった。コーヒーやお菓子、時にはワインを出したりして準備が大がかりになったので、年四回が限度だ」と言うミールランさんだが、その顔には大変さがうかがえなかった。

## 「オープニング・ザ・ブックス」とは

ひと通り図書館の概要をうかがったところで、本命の「オープニング・ザ・ブックス」の話に移った。「オープニング・ザ・ブックス」は、二〇年ほど前にイギリスのファンリール（Rachel Van Riel）氏が提唱したもので、図書館における資料提供サービスの手法のことである。より利用者が使いやすい図書館をめざして、文字通り「本を開いていく」ことを趣旨としていることもあって、「利用者志向のサービス」と呼ばれることもある。

イギリスの図書館界だけでなく、近年、デンマークやノルウェーでもこの手法を取り入れる図書館が現れ出した。ヴェストレ・トーテン図書館が「オープニング・ザ・ブックス」を導入したのは二〇〇六年、すでに五年

入り口を入ってすぐに「クイック・チョイス」と書かれた展示台がある

以上が経過している。

図書館を入って真っ先に目に飛び込んでくるのは、ちょうど利用者の視点の高さ、ほどよい角度で本が並べられるようになった展示台である。本屋の平台をちょっと高くして、角度をつけた感じというのが一番近いところだろう。カラフルな表紙に誘われて、ほとんどの利用者がまずこの棚に近づいてしまう。

入り口の一番近くに展示棚が設けられているる理由は、なるべく早く借りる本を見つけたいという利用者の志向にあわせてのことである。時間に比較的余裕のある高齢者や子どもたちと異なり、仕事の合間に図書館に来るビジネスマンなどにとっては、図書館訪問以外にもするべきことが山ほどある。そんな忙しい状況下でも、なるべく早く面白い本を選び

DVD も新旧作品をとり混ぜて展示している

たいという気持ちを満足させるのが、この入り口付近に設置された展示台である。

展示台に置かれている本は、新着図書とはかぎらない。ヴェストレ・トーテン図書館では、ほかの図書館だったら入り口付近に展示するであろう新着図書用の書架は館内の奥に備え付けられている。その代わり、入ってすぐ目に入る展示台に、司書が利用者に読んでもらいたいと思っている本が並べられている。書架に埋没してしまってなかなか目に留まらない本と利用者を結び付けることがこの展示台の役割なので、実験的な文学の新作の隣に古典文学が置かれていたりする。このような取り合わせの妙こそが、「オープニング・ザ・ブックス」の狙いとなっている。

忙しい利用者のための工夫ということで述べると、この図書館では音楽ＣＤや映画のＤＶＤも入り口近くの専用架に配置されている。視聴覚資料は人気が高く、真っ先にここをチェックしたいという利用者のニーズにこたえた仕掛けとなっている。

「オープニング・ザ・ブック」は、そもそも何を読みたいかがはっきり分からない利用者がたくさんいることに着目して開発されたものである。図書館は利用者の潜在的な情報ニーズを掘り起こしたり探り出す役目があるのだが、そのきっかけを、前もって司書が書架に仕掛けておくという方法なのである。

ヴェストレ・トーテン図書館では、「オープニング・ザ・ブック」の導入にあたってコレクション全体を見直し、たくさんの不要資料を廃棄したという。というのも、このやり方を行うと展示スペースがたくさん必要になるからである。また、廃棄するだけでなく、古典作品を中心にコレクションに欠けていた資料の補完にも力を入れた。児童室の本も徹底的に見直して、読み物をテーマ別の配列するようにしたそうだ。

## 書店のような図書館？

「オープニング・ザ・ブック」のもう一つの目玉は、資料の利用者に嗜好に合わせたテーマ別による配架である。図書館の本は、通常、十進分類法という方法によって並べられている。この分類法は、今から一三〇年ほど前にアメリカの図書館学者メルヴィル・デューイ（Melvil Dewey・一八五一～一九三一）が考案した独自の分類法である。この分類法を使うと、図書館の膨大な本一点一点に対して一つの分類番号を与えることが可能となる。これによって、すべての本が書架に収まるという極めてすばらしい方法であったため全世界に広まった。

世界中の図書館がこの分類法を一三〇年以上もの長い間利用してきたわけだが、このすばらしい分類にも欠点があった。それは、利用者にとっては必ずしも使い勝手のよい分類法ではなかったということである。

十進分類法を使いこなすにはちょっとしたコツが必要で、逆にそれを知らない大部分の利用者にとっては、この分類法は極めて使いにくいシステムとなっている。では、利用者にとって使いやすい分類法とはどういうものだろうか。

それは、おおまかにテーマごとに並んでいるが、図書によっては平棚に陳列されているものがあったり、テーマは違うが関連図書が一緒に並んでいたりする、ちょうど書店のディスプレイのようなものと言えるだろう。たとえば、書店では秋になると「キノコ」と「ハイキング」が同じ平棚に並ぶことがあるが、図書館ではこの二つのテーマはまったく離れた書架にひっそりと置かれている。

「オープニング・ザ・ブック」では、書店式ディスプレイを取り入れてコレクションの一部を日常生活に即したテーマ別に並べるという試みがなされている。ヴェストレ・トーテン図書館でも、料理や趣味の本などは十進分類法に拠らずテーマ別に並べていて、借り出される率も高いという。

しかし、図書館は本を売ることを目的とした書店とは目的が違う。膨大な知識に効率よく到達するための十進分類法は図書館の核となる考え方であり、これを解体していく「オープニング・ザ・ブック」には批判もあるのではないだろうか……そう思って質問してみたところ、「今までよい評判は聞いても反対意見は聞いたことがないし、ほかの図書館も真似したいと見学に来ている」というのがミールランさんの答えだった。

日本の図書館では、デューイ十進分類法をもとにしてつくられた独自の分類法である「日本十進分類法」が使われてきたのだが、最近、本文で紹介したような「利用者の情報探索行動にあわせた資料の配架」の試みがいくつかの公共図書館で行われるようになった。こうした方法の採用にあたっては、図書館の規模や館内の書架の配置などを考慮する必要があるのだが、すでに導入している図書館に聞くと利用者には好評だという。

図書館は一三〇年以上もデューイ十進分類法に基づき資料を配架してきたわけだが、伝統的な分類法にとらわれない、利用者を主体にした柔軟な配架によって図書館と利用者の間の距離がぐっと縮まるかもしれない[5]。

**若き館長の夢は、図書館に来た人が幸せになって帰っていくこと**

「オープニング・ザ・ブックス」を導入してから二五パーセントも利用者が増えた図書館だが、ミールランさんは満足した様子をまったく見せなかった。この図書館を「将来的にどのような場所にしていきたいのか」と質問したとこ

児童室の絵本は手に取りやすいように置いてある

ろ、「今よりもっと居心地のよい空間にしたい」という答えがすぐに返ってきた。

「オープニング・ザ・ブックスの試みは成功したと思います。人びとは図書館にやって来て、何か面白いものはないか書架をチェックして回り、そしてお気に入りの一冊を見つけて借りていく……。でも私は、もっと図書館に滞在してほしいんです。そのためには、もっと居心地をよくしなければと思っています。利用頻度が低くなった本は廃棄して、スペースをつくってもっと座りやすい椅子を置いて……」と、ミールランさんは言葉を続けた。

私は、今でも十分居心地のよい椅子に座りながら、彼女の話を聞いていた。

(5)　利用者の情報探索ニーズにあわせた資料の配架については、以下の文献がその可能性を具体的に示してくれている。嶋田学「アグレッシブな配架の研究——思わず手が出る棚作りとディスプレイ」『図書館評論』四五巻、二〇〇四年、四一～五〇ページ。

今でも十分に居心地のよい読書コーナー

そしてミールランさんは、「バリスタのいるような本格的なカフェを図書館に導入できないかなあと考えることもあるんです」と言う。図書館を出た所に軽食もとれるカフェがあるにもかかわらず、である。「すでにカフェがあるけど?」と問うと、「コーヒーと読書を一緒に楽しみたい人はたくさんいると思う」という答えであった。図書館で飲食をしてもよいのか尋ねると、次のような答えが笑いながら返ってきた。

「保育園の子どもたちが集団でやって来て、図書館で床に座ってランチタイムということもよくありますよ。床に食べ物をこぼしたりする子もいるけど、それでも、図書館での飲食を禁止したりはしません。ただし、ポテトチップスを食べながらコンピュータを操作する人がいて、それだけはやめてほしいんですけどね」

「オープニング・ザ・ブック」をはじめた二〇〇六年がヴェストレ・トーテンの図書館改革の第一弾だとすると、彼女が現在めざしているのは図書館改革の第二弾ということになる。ミールランさんは、「もちろん、ここはそんなに古い図書館ではないです。でも、図書館は進化していかなくちゃいけないと思うんです」と続けた。

この大がかりなプランを実行に移すため、ミールランさんの重要な仕事の一つになっているのが、ノルウェー文化評議会やオップランド・フィルケ図書館から助成金を獲得するための計画づくりである。新図書館の構想のコンセプトと実施方法を明らかにした内容を、新しいプロジェクトとして計画書にまとめて応募している最中だという。

また、町長や文化政策部長にも、この新しいプランについての相談をもちかけているそうである。図書館は町役場の隣にあるので、文化政策部長が図書館にコーヒーを飲みに来たり、逆にミールランさんが文化政策部長の部屋におしゃべりに行ったりと、その関係はかなりフラットで友好的なものとなっている。そもそも、「オープニング・ザ・ブックス」を導入するときには、町長も司書とともにイギリスまで見学に行ったほどなのだ。町長に図書館を理解してもらうことは、図書館の改革を進めて行くうえでかなり重要なこととなる。

インタビューの最後にミールランさんが言ったことが、とても印象に残っている。

「この図書館に立ち寄ったことによって、その人の一日がほんの少しでもよい日になる、というのが私の目標なんです」

彼女は、このように言ってインタビューを結んだ。彼女の頭は、これからの新しい図書館のプランでいっぱいのようだ。そんなミールランさんに、私は図書館のサポートグループをつくることを提案してみた。北欧の図書館は専門職と利用者がはっきりと分かれていて、図書館友の会などのような組織がまったくない。一方、日本には、図書館を支援する住民グループがたくさんあって、職員とメンバーが一緒になって図書館をつくっていっていること、そしてそのメンバーは図書館と利用者の橋渡しをしていることなどを伝えた。

ミールランさんはちょっとびっくりしたようだったが、ぜひその話を詳しく聞かせてほしいと目を輝かせた。ノルウェーの小さな町に日本のような図書館支援グループができて、司書とともに図書館をつくりあげていく、ひょっとしたらそんな日が来るかもしれない。

第3章

# ノルウェー図書館サービスの基盤

## ——歴史・法・制度

吉田右子

ブックボートの船内で読書する子どもたち
写真提供: ソグン・オ・フョーラネ・フィルケ図書館

# 1 ノルウェーの図書館の歩み

## 図書館のはじまりは学習サークルの図書室

ノルウェーの公共図書館の原型は、一八〇〇年代に労働者によってつくられた自主的な学習サークルまでさかのぼることができる。当時のノルウェーでは、スウェーデンからの独立を議論する政治集会が盛んに開かれており、そのための学習サークルが各地につくられた。

サークルのメンバーは自分たちの勉強のために図書を収集していたが、それをもとにサークル内に図書室が設置されるようになった。つまり、読書を通じて自己改善をめざしていた学習サークルの図書室の精神は、一八三〇年代から本格化する近代図書館設立の理念ともなったわけである。

隣国スウェーデンの公共図書館が民衆運動のなかで労働者自身の手でつくりあげられていったのに対し、ノルウェーでは、図書館整備に関して政治的な介入がかなりあったことが指摘されている。つまり、上からの社会統制をめざす為政者の意思が図書館運営に反映されていたのである。[1]

ノルウェーの最初の近代的な図書館は、カール・ダイクマンの寄贈図書により一七八五年に設立されたオスロのダイクマン図書館である。一八九八年、ダイクマン図書館の館長であったホコン・ニーフース[2]は、アメリカの図書館実務を取り入れた近代的な図書館運営に着手した。

すでにこのころの図書館は、現在の図書館の原型となるような、教育から娯楽まで幅をもった情報の提供を視座に入れて運営されていた。アメリカモデルの公共図書館が普及するなかで、一九三六年に労働党の政策として図書館が取り上げられ、公共図書館の社会的な位置が確立した。しかし、ナチに占領された一九四〇年から一九四五年までの間、図書館活動は完全に停止してしまった。

一九四七年に改定された「公共図書館法」が、ノルウェー図書館界にとって戦後の出発点となった。この法律はコミューンにおける公共図書館の設置を義務づけるもので、コミューンは国からの助成を得ながら図書館運営に必要な予算を支出することとなった。以後、図書館は国の文化政策の重要な柱として位置づけられ、着実に成長を遂げた。

(1)（Carl Deichman・一七〇五～一七八〇）鉄鋼業により財をなした実業家、コレクター。鉱物学に関する著作もあり、同時代の自然科学者と親交があった。図書を中心に美術品、骨董品などを幅広く収集し、一七八〇年に自らのコレクション六〇〇〇点あまりをクリスチャニア（Christiania、現オスロ）に寄贈した。

(2)（Håkon Nyhus・一八八六～一九一三）ノルウェーの公共図書館と司書教育の基礎を形づくった人物。一八〇〇年代末に渡米して、シカゴ公共図書館に勤務。帰国後、ダイクマン図書館長を務めるかたわらアメリカの近代的な公共図書館モデルをノルウェーに伝え、一九〇七年にノルウェーで初めて司書養成についての提案を行った。

## 公共図書館の転換点となった一九七〇年代

一九七〇年代は、全世界的に社会理念や文化的価値が根幹から変化した時代である。図書館も例外ではなく、この時代を境としてより社会のニーズに即した資料提供を行うようになった。また、高級文化と通俗文化との区別そのものが社会的に失われていったこともあって、図書館はポピュラーカルチャーを全面的に取り入れるようにもなった。硬い本だけでなく、楽しみや気晴らしのための本を図書館が利用者に積極的に提供する傾向は、時代を追うごとにいっそう増している。

現在、図書館はすべてのメディアにアクセスできる情報センターとなっているし、取り扱うメディアの種類と内容の多様性によって利用者を引き付けている。もし、図書館がいわゆる硬い本しか置いていない場所だったら、今のような人気のある施設にならなかったことは容易に想像できる。

もっとも、メディア全般を扱うようになった図書館に対して、あまりにも商業主義に迎合しすぎているのではないかという議論も一方で起こっている。図書館が書店やCDショップと類似性が高くなりつつあることに対して、一部の研究者が警鐘を鳴らしているのだ。しかし、これまでのノルウェーの図書館の歩みを見れば、少なくとも「あらゆるメディアを射程に入れてサービスを展開していく」という方向を転換することはありえないだろう。今後は、「すべての情報にアクセスできる場所」という前提を保持しながら、「図書館らしさ」を追求するという難しい課題に取り組むことになるのではないだろうか。

一九七〇年代には、図書館に大きな変化をもたらすもう一つの出来事があった。それは、ノルウェー国内の移民数の増大である（二一七ページ参照）。ノルウェーに移住してきた人たちに出身文化と出身言語に触れる機会を提供するために、図書館はサービスの体制を整えると同時に、ノルウェー社会に溶け込むことができるようノルウェー語の学習支援を行うようになった。

もちろん、その後も、情報へのアクセスに困難をもつ移民に対して、図書館はとりわけ手厚いサービスを行ってきた。こうしたサービスの数々は、「すべての住民へ情報の無料提供」を柱とするノルウェー図書館の理念に根差している。

現在、ノルウェーでは移民は図書館の主要な訪問者グループとなっている。とくに、若い女性の移民にとっては、公共図書館は家庭と学校以外の第三の場としてかけがえのない安息の場となっている[3]。

---

（3）Ragnar Andreas Audunson "Norwegian libraries An institution caught between differing social conflicts and opinions" *Knowledge and Culture: Norwegian Libraries in Perspective* National Library of Norway、2005、p.33-45.

### ノルウェー文化を一つに束ねる――文書館・図書館・博物館の連携構想

二〇〇〇年に入り、ノルウェーの図書館界に大きな構想がもちあがった。それは、全国の文書館、図書館（Bibliotek）と博物館（Museum）を結び付けて新しい文化基盤を構築しようというアイデアである。それまで、文書館、図書館、そして博物館はそれぞれ系統の異なる行政組織のもとにあった。それを文化という大きな枠組みでとらえて共同運営し、情報化時代に対応した文化政策を行うことが構想の中心となったわけである。[4]

このプランの中核となったのが、二〇〇三年一月に教会・文化省（Kultur- og kirkedepartementet）のもとに設立された「ABM開発（ABM-utvikling）」である。ABMは、文書館、図書館、博物館の頭文字をとったものである。

ABM開発は、インターネットを基盤に文化施設の垣根を越えた情報提供を行うことを目的としていたが、その裏には多様な文化事業の統合によって、業務の効率化や人件費の削減を積極的に進めようとする目的があった。ABM開発の運営員は、教育研究省や環境省など分野を越えた省庁から指名され、文化統合的な組織をめざすことになった。

ABM開発は実際に存在する文化機関の連携への働きかけも行ったが、もっとも力を注いだのは、国のすべての文化的な生産物を一元的に提供する「電子図書館プロジェクト」であった。つまり、文書館、図書館、博物館がもつ知識・情報・資料を横断的に利用者に提供することがAB

M開発の目標として掲げられた。そのため、文書館、図書館、博物館にバラバラに存在している情報を、情報技術を駆使して電子化していくことが事業の中心に設定された。

文書館、図書館、博物館は類似施設であるにもかかわらず、それぞれ独立した枠組みのなかで発展してきたという経緯がある。それゆえ、ＡＢＭ開発がめざしたのは情報技術による三者の統合であった。たしかに、情報を求める側からすれば、欲しい情報が入手できさえすれば、それが図書館であっても博物館であってもかまわないのだ。

ＡＢＭ開発の計画が成功すれば、都市からどんなに離れていても、またどんなに規模の小さい図書館も、コミュニティーの中央館や大都市の図書館に負けない量の情報にアクセスすることが可能になる。ＡＢＭ開発の示したヴィジョンは、予算・人員の削減や物流の面で問題を抱える小規模図書館にとっては「明るい未来」を告げるものであった。しかし、その一方で、この事業は図書館の専門職員を減らすための方策であると考える図書館の関係者が多くいたのも事実である。

残念ながら、ＡＢＭ開発はさまざまな理由によって二〇一〇年に解散した。計画半ばでの組織解体ではあったが、インターネットによるネットワークを基盤に、これまで別々に存在してきた三機関を統合しようという動きは、新しい時代の文化機関のあり方を模索したモデルとして世界

---

（4）（Arkive）公文書・私文書などを保管して利用のために提供するための機関。

中の図書館関係者から注目を集めた。現在、館種を越えた文化機関の連携は世界中で盛んになっているが、ＡＢＭ開発はその先駆けであり、ノルウェーの文化政策の先駆性を象徴する構想だった。

## 2 ノルウェーの図書館法

ノルウェーの最初の公共図書館法は一九三五年に制定され、その後、一九四七年、一九七一年と改正を重ねてきた。現行の公共図書館法（Lov om folkebibliotek-Lov 1985-12-20 nr. 108）は一九八五年に制定されたものである。一九七一年の改訂は現在の図書館法の基礎となったもので、これにより、図書館への「専門職の設置」と「すべての資料の無料提供」という重要な柱がノルウェーの公共図書館界に定着した。

一九八五年の法律では、一九七一年の図書館法の重要な部分、すなわち各コミューンによる図書館の設置、司書資格をもつ図書館長の配置、全住民を対象とした無料サービス、コミューンの連携による全国システムの形成という四つの基本方針を踏襲しつつ、図書館の予算決定権は国からコミューンへと委ねられた。

この法律は、それまで入っていた学校図書館に関する記述が削除され、公共図書館に的を絞ったものになった。また同時に、コミューンの図書館運営に関する責任が強まってもいる。国からの交付金に関する記述はごく簡単になり、各コミューンが図書館にかかわる方針を自律的に決定し、運営において全面的に責任をもつことになった。

---

**公共図書館法（抜粋）**

**第1条　公共図書館の目的**

第1項　図書館の目的

・公共図書館は図書とその他の資料をすべての住民に無料で提供することによって、啓発、教育、その他の文化活動を振興することを任務とする。

・各図書館は質が高く広範囲にわたり必要に適った資料を児童、成人に提供する。

・図書館活動は社会に向けて行われ、広く報知されるものでなければならない。

・公共図書館は、国全体の図書館システムの一部を構成する。

第2項　適用対象

・本法は公共図書館の運営に適用される。各地のコミューンが運営責任を有する公共図書館（第2条）、フィルケが運営責任を有するフィルケ図書館（第3条）、また国家が運営責任を有する主たる図書館とその指導（第4条）がこれにあたる。
公共図書館運営には、病院や保健機関の患者のため、そのほか図書館の利用が困難な利用者のためへのサービスが含まれる。

第3項　貸出、登録

・各図書館は貸借に関しての図書館間協力、利用登録および統計と年次報告の制作にかかわる共通の規則に従う。省は、さらなる規則を定めることができる。

## 第2条　コミューン図書館

第4項　一般規則

・第1条で述べられた目的のために、すべてのコミューンは公共図書館を設置する義務がある。
・公共図書館は、コミューン単独で、あるいは、他のコミューン、フィルケ、国の機関と共同で運営することができる。省は試験的に「すべてのコミューンは図書館を有することを義務づける」という項目の例外を認めることができる。
・コミューンは省の図書館施行指針に基づき、公共図書館にかかわる規則を制定する。

第5項　職員

・すべてのコミューンは、専門教育を受けた図書館長を雇用する義務がある。
・省は「すべてのコミューンは、専門教育を受けた図書館長を雇用する義務がある」という項目の例外を認めることができ、その際は資格条件の変更と新たな規則に移行するまでの暫定期間の詳細な規則を定める。

第6項　学校との連携
・公共図書館とコミューンの学校図書館の間で協力体制を整えることを義務づける。
・省は、このような公共図書館と学校間の協力体制についてのガイドラインを制定する。

第7項　廃止項目

## 第3条　フィルケ図書館

第8項　一般
・第1条で述べた目的のためにすべてのフィルケ図書館は、専門教育を受けた図書館長を有することを義務づける。省は、試験的に「すべてのフィルケはフィルケ図書館を有することを義務づける」という項目の例外を認めることができる。
・フィルケは省が示した図書館運営の方針に基づき、フィルケ図書館の規則を設定する。

第9項　図書館間貸借
・フィルケ図書館は、フィルケ内の図書館間協力貸出の責任を担う。図書館間貸出の協力体制を整え、フィルケ内の全図書館を視野に入れた図書の調達と保存を計画し、責任をもつ。
・フィルケ図書館は、ブックモービル、ブックボートでの直接的な貸し出しを単独で、あるいは他のフィルケ図書館あるいはコミューンの公共図書館と共同で行うことができる。
・フィルケ図書館は、他の単独のあるいは複数のコミューンと図書館の共同運営の取り決めをすることができる。

第10項　指導的サービスなど
・フィルケ図書館は地方自治体に働き掛け、図書館に関する専門的な指導と支援をするとともに、図書館にかかわる会合や研修を設けることを義務づける。
・フィルケ図書館とフィルケレベルの学校指導者との間に相互協力体制を義務づける。
・フィルケ図書館とフィルケ内に置かれている国立の教育指導機関との連携は契約によって保証されることを義務づけ、フィルケ図書館の有する専門知識が学校制度内でも確実に活用されるようにする。

第11項　特別業務
・フィルケは、第3項に述べられた事柄について、国の予算配分に関して発言し、報告書や計画書により国を支援することを義務づける。

第12項目　廃止項目

## 第４条　国家の責務

第13項　国家の職務

・省は、本法のもとで国家の図書館に関する責務を果たす。

第14項　特別補助金

・各コミューンの責務下に置くことが適当でない任意の図書館業務を行うため、あるいは国家として図書館組織の維持にことに意義があると見なされる業務に関して、国家特別予算を支出することができる。省は詳細を決定する。

二〇一二年一月六日　改定

（出典：http://www.lovdata.no/cgi-wift/wiftldles?doc=/app/gratis/www/docroot/all/nl-19851220-108.html&emne=biblioteklov*&&)

---

二〇一三年一月現在、この公共図書館法は改定準備中であり、二〇一三年中には新たな法文が出される予定である。新たな法文では、近年の図書館を取り巻く社会の変化に合わせて、図書館の新たな役割に関していくつかの新しい要素が盛り込まれることが決まっている。その内容変更の主な点は次の通りである。

第1条で図書館が出会いの場であることを規定した。具体的には以下の三点である。

❶公共図書館は、図書や他の資料を無料であらゆる人に提供することによって、情報や教育、その他の文化活動を積極的に伝達する役割を果たすことを目的とする。

❷公共図書館は、公の会話、議論の交わされる出会いの場であることを義務づける。
❸公共図書館の活動内容が、公に広く、十分に知られることを義務づける。

また、第5条で時代の変化に対応できる知識をもった司書や図書館長を置くことを義務づけている。

新たな公共図書館法では、利用者がアクセスしやすい図書館となるため、自分たちが所蔵するコレクションや提供サービスについて、利用者に積極的に示していくことが図書館に義務づけられることになっている。つまり、図書館は利用者をただ待っているのではなく、積極的にアピールして、自らの可能性を示しつつ利用者に働きかけていく存在として定義し直されることになる。

## 図書館関係者が新図書館法に異議申し立て

公共図書館法に定められている「すべてのコミューンは図書館を有する」という文言がノルウェーにおける図書館存立の拠り所となっていたわけだが、二〇〇三年の法文改訂では、この重要な文言のうしろに「試験的にフィルケは『すべてのコミューンは図書館を有することを義務づける』という項目について例外を認めることができる」が付け加えられた。つまりこれは、今あるコミューン図書館やフィルケ図書館が廃止されたり、ほかのコミューン図書館やフィルケ図書館と統合される可能性を意味している。

新たに加えられた部分は、一九九〇年代以降の公共機関の組織再編の動きが図書館界にも及んだことを示すものである。もちろん、図書館が地域社会の一部である以上、社会の動向に直接影響を受ける可能性は十分にある。しかしながら、コミューンにおける図書館の存在意義は、住民の情報を受け取る権利にかかわる歴史的な経緯のなかで確立してきたものである。二〇〇三年の改訂は図書館の存立基盤を脅かすものであり、ノルウェーの民主主義社会の文化基盤を揺るがしかねない重大な変更となった。

実際、二〇〇二年の暮れに公共図書館法の改訂が議論された国会の会期中、図書館界は法律修正への強い懸念をデモ行動という形で政治の場に示した。全国各地から図書館の関係者がオスロに集まり、抗議文書が提出された。

改定案のもともとの案は、「すべてのコミューンは公共図書館を設置する義務がある」という条項そのものを削除するものであった。公共事業に対する締め付けが強まる時期に出されたこの案は、コミューンが予算切り詰めのために図書館をもつことを放棄することにもつながりかねず、司書は強い態度でこの案に抗議したのである。

こうした活動の結果、当初の予定より小さい範囲にとどまり、「『すべてのコミューンは図書館を有することを義務づける』項目の例外を認めることができる」という案に緩められたのであった。

## 3 ノルウェーの図書館制度

ノルウェーがまだスウェーデンの統治下にあった一八〇〇年代初め、ノルウェーの図書館制度のトップに立つ国立図書館は、一八一五年以来オスロ大学図書館が兼ねていたが、この状況は一九九九年に人文学社会学図書館が郊外のキャンパスに建てられるまで続いた。つまり、現在の国立図書館は、かつての大学図書館が改築されたものである。そのため、「大学図書館（Universitetsbiblioteket）」と書かれた文字が石の建物に今も残っている（カバーの写真参照）。

国立図書館の重要な業務は、「法定納本図書館」として、ノルウェー国内で刊行された本を網羅的に収集することである。一六四四年以降にノルウェーで出版された資料は、ほぼすべて国立図書館が所蔵している。国外で刊行されたノルウェーの関係資料、たとえば日本語に訳されたイプセン(5)の本なども蔵書となっている。

納本制度によって国立図書館に収められる資料は、印刷された文書のみならず、本や雑誌やラジオ・テレビの録音、録画、映画、CD－ROMやフロッピーディスク、インターネット情報などの電子メディアも含まれている。ノルウェー語でつくられた文化的な成果を網羅的に集めて保存することで、少数言語であるノルウェー語を保護するという役割が重視されている。

国立図書館の所蔵資料は、図書以外のあらゆるメディアにまでわたっている。国内の新聞、写真、音声や音楽録音、映像、地図のほか、音声資料として、方言、宗教的な集会、一九世紀のインタビュー、第二次世界戦時下のラジオ放送なども収集している。これらの音声の一部はウェブサイトから直接聞くこともできる。

二〇〇八年からはデジタル化にとりわけ力を入れ、図書はもちろんのこと新聞、写真、手書き文書、ラジオ番組の電子化にまで取り組んだことにより、前年度と比べて電子資料の量が飛躍的に増加した。また、著作権切れの図書については、「NBdigital（www.nb.no）」と呼ばれるサイトにノルウェー国内のＩＰアドレス(6)からアクセスすれば、全文を閲覧することができるようになった。

## デジタルライブラリー（Det digitale nasjonalbibliotelet）

二〇〇九年から、国立図書館がノルウェー全土に広がる図書館のデジタル基盤となった。国立図書館の所蔵資料を電子化したデータとそれを閲覧するためのウェブサイト（bokhylla.no）を通

---

(5)（Henrik Ibsen・一八二八～一九〇六）ノルウェーの劇作家。「近代演劇の父」と呼ばれる。代表作に『ペール・ギュント』『人形の家』『野鴨』など。

(6) インターネットなどのネットワークに接続されたコンピュータに割り当てられる固有の番号のこと。

じて、国立図書館は全国の公共図書館と学術図書館に電子資料の提供を行っている。また、資料にかかわるデータの標準化により全図書館の電子資料サービスの共通基盤を提供しており、全国の各図書館がその恩恵を受けている。

デジタルライブラリーは、信頼度の高い情報を国立図書館がインターネット上の情報源から精選し、利用者に提供するために運用されている。提供される情報には、一般のサーチエンジンでは検索できない情報も含まれており、文書のほか写真、音声、動画なども提供されている。

最近になって、全国の図書館を監督指導する役割が国立図書館に付加された。二〇一〇年まではＡＢＭ開発がノルウェーの図書館を管轄していたのだが、先にも述べたようにＡＢＭ開発がなくなったため、現在は国立図書館の「図書館開発部門（bibliotekutvikling）」があらゆる図書館指導の最高責任機関となった。

ＡＢＭ開発は、図書館の外部機関として文書館、図書館、博物館にかかわる政策を客観的な視点から実施してきたわけだが、今回の改革によって、国立図書館の内部に図書館を客観的に指導するべき最高責任機関が含まれるという内向きの構造に変わった。現在、新組織の「図書館開発部門」が、果たして中立的な立場で図書館の指導にあたれるかどうかが問われている。

## ノルウェー図書館の概況

ノルウェーの図書館は、大きく分けて公共図書館、学術研究図書館、学校図書館の三種類となる。二〇〇九年に刊行された『文書館・図書館・博物館統計（Statistikk for arkiv, bibliotek og musecim, 2009）』によれば、公共図書館は七八四館あり、中央館が四三〇館、分館が三五四館、ブックモービルによる移動図書館が三二か所となっている。多様な自然環境からなるノルウェーでは、ブックモービルやブックボートも重要なサービス拠点となっている。

本章の冒頭でも述べたように、各コミューンの図書館の上位組織としてフィルケ図書館が全国に一八館が設けられている。フィルケ図書館は管轄内の中心的なコミューン図書館に併設されていて、独立した建物やコレクションはもっていない。フィルケ図書館の中心的な仕事は、公共図書館や学校図書館が企画・実施するプロジェクト

保健センターなどのコミューンの施設と一緒になっている分館
（ソールム図書館）

に対して専門的な立場からアドバイスを行うこと、資料の相互貸借の拠点として管轄内の資料流通の要になること、そして学校図書館を巡回するブックモービルの運行である。

## 大学図書館と学校図書館

公共図書館については第1章で詳しく触れたので、ここでは大学図書館と学校図書館について言及していこう。

ノルウェーの学術研究図書館は、大学付属および専科大学付属の図書館と研究機関附属の図書館があって、教育研究省の管轄下にある。これらの学術図書館を定めているのは「大学に関する法律（Lov om universiteter og høyskoler-Lov 1995-05-12 no. 22）」であり、大学には図書館の設置が義務づけられている。

大学図書館では、データベースや電子ジャーナルを中心とした資料の電子化が進んでいるのだが、これらにかかる費用は高額であり、従来の印刷媒体の資料購入が圧迫されつつある。商業出版社による学術雑誌の寡占や、購読料の高騰化が学術図書館に与えた影響は甚大で、図書館界ではこれを「シリアルズ・クライシス（雑誌の危機）」と呼んでいる。このことが、現在の学術図書館を取り巻くもっとも深刻な問題となっている。

雑誌のアクセスが困難になる一方で、研究者コミュニティーにおいては、学術的な文献を無料で社会に向けて公開・共有しようというボランタリーな運動が広がっている。「オープンアクセス」と呼ばれるこの動きに図書館は積極的にかかわり、学術文献の収集と公開のためのサポートを行っている[7]。

学校図書館は、「義務教育と高等学校教育についての法律（Lov om grunnskolen og den vide-regående opplæringalova-Lov-1998-07-17-61）」に定められており、具体的な施策に関しては教育研究省が責任をもっている。すべての初等教育機関に学校図書館を設置するとされているが、各図書館の規模や設備、そして専門職の配置には地域差が見られるというのが現状である。

二〇〇三年に行われたOECDによる学習到達度調査でノルウェー児童の読解力が芳しくないことが報じられてからというもの、教育界では読書振興についての議論がにわかに高まった。

教育センター[8]は同年、教育研究省に「公共図書館法変更について（Høringsuttalese-forslag om endring av lov om folkebiblioteket）」を提出した。この文書では、以下の三つが指摘されている。

❶学校図書館が生徒の読書への興味を喚起すること。

---

（7）ノルウェーにおけるオープンアクセスの動向については以下の文献に詳しい。マグヌスセン矢部直美「ノルウェーの学術リポジトリ」『情報管理』五四巻、八号、二〇一一年一一月、四九八〜五〇二ページ。

（8）（læringssenteret）教育研究省が二〇〇四年に設立した、初等・中等教育の政策策定を担当する「教育委員会（Utdanningsdirektrat）」のもとにあった組織だが現在は存在しない。

❷生徒の読解力を伸ばすために学校図書館の利用法を学ぶことが重要であること。
❸公共図書館や学術研究図書館の使い方を段階的に身に付けていく必要があること。

報告書が出された二〇〇三年は、公共図書館法の改正によって小規模図書館が廃止されるという可能性が示されていた時期でもあったため、子どもたちに学校図書館以外の図書館に接触することを促す重要性がこの報告書でも強調された。つまり、教育的な課題となった読解力の低下に歯止めをかけるためには、公共図書館の存在が欠かせないということが学校図書館界からも繰り返し主張されたわけである。

こうした努力の甲斐があってか、二〇〇九年の学習到達度調査では、読解力をはじめとして各学科の点数が上昇したことが報告された。

学校図書館の絵本コーナー
（スメースタ図書館）

学校図書館の新着図書コーナー
（スメースタ図書館）

## たった一枚のカードで全国の図書館が利用できる

ノルウェーは国土が南北に長く、すべての人びとへ平等なサービスを提供することが困難であるということはすでに述べた。こうした課題を克服するために考案されたのが「全国共通図書館貸出カード（Nasjonalt lånekort）」[9]であるが、その導入に基づく取り組みを紹介していこう。

ノルウェー国内では、二〇〇五年一〇月から、一枚の貸出カードで全国の図書館どこからでも本が借りられるシステムを導入した。この共通カードは、利用者にとっては利用できる図書館が増えるのでとても便利なものである。仕事や勉学のために短期および長期で国内を移動する人が多いノルウェーでは、そのたびごとに図書館登録をしないですむこのカードは重宝する。

（9）全国共通図書館貸出カードについては、以下の文献に詳しい。マグヌスセン矢部直美「ノルウェーの図書館における全国共通貸出カード」『情報管理』五四巻、四号、二〇一一年七月、二一三〜二一七ページ。

全国共通図書館貸出カード

もちろん図書館側も、一人の利用者の登録が一回ですむので手間を省くことができる。

全国共通図書館貸出カードの構想は、二〇〇二年に図書館関係団体がすでに検討をはじめていた。共通貸出カードを使えるようにするためには共通利用者登録システムが必要となり、ノルウェー国内の複数の図書館システムが協力して新しいシステムを開発することになった。ABM開発から資金を得て、二〇〇四年、「ノルウェーデジタルライブラリー」というプロジェクトの一貫として全国共通図書館貸出カードの実現に向けてシステムの開発がはじまった。

このシステムの恩恵をもっとも受けているのは、大学など高等教育機関に所属している学生である。大学では学生証を図書館カードとして利用しているのだが、同じ学生証でほかの大学の付属図書館も利用が可能となった。

たとえば、所属大学の図書館にない資料を利用するため、近隣なら大学図書館に出向いて自分の学生証で本を借りたりデジタル資料を利用することができる。直接出向いていくという手間はあるが、図書館間の貸出制度を利用するよりはかなり早く資料を入手することができる。しかも、借りた資料を自分にとって返却しやすい最寄りの大学図書館や公共図書館を通じて返却が可能となっている。もちろん図書館側も、図書郵送や記事をコピーするという手間などが省けるため仕事の合理化につながった。

そして、遠隔教育が盛んなノルウェーならではの学習環境が全国共通図書館貸出カードの普及において追い風になった。学籍を南部にあるオスロ大学に置いている学生が、家庭の都合で中部のトロンハイム（Trondheim）で日常生活を送り、試験や出席義務のあるときだけ大学に行くというケースも最近では少なくない。

大学の授業で必要とされる資料がデジタル化されているのは医学、自然科学などが主で、人文学社会科学の領域は、雑誌論文以外はまだ紙の図書が学習教材の主流となっている。遠隔地に在住している学生は、必要とする学術図書を地元の公共図書館を通じて大学図書館に注文し、地理的な不便を大幅に解消することができるようになった。

高等教育機関に属していない利用者はどうかといえば、もちろん、公共図書館でつくった貸出カードで大学図書館の資料を利用することができる。公共図書館の資料ではまかなえない専門的な資料が必要な場合も、煩雑な過程を踏むことなく入手できるようになった。学生時代に使っていた大学図書館が卒業後も同じように使えることの便利さを思い浮かべてみると、共通カードのありがたみがよく分かる。

学歴が高くなりつつある傾向はノルウェーも日本と同じで、仕事の専門性も高くなっている。また、生涯学習という面から考えても、公共図書館と大学図書館を同じように利用できるこの制度はすべての人にとって恩恵のあるシステムと言えるだろう。

## 全国共通図書館貸出カードの問題点

連携が豊かな図書館とはいえ、公共図書館と大学付属図書館、大規模図書館と小規模図書館、それぞれの事情をふまえた各館ごとの規則がある。一目で見わたせる小さな図書館と、一〇〇〇人単位の利用者が出入りする大学図書館の利用規則が異なっているのは当然だが、利用者側からすれば図書館に行くたびに違った規則に従わなければならないので混乱を招きやすい。それに、大学図書館が学生や研究者のために購入した資料が公共図書館からのリクエストで一般の利用者に貸し出されてしまうということも起こっている。そのため、大学図書館によっては、資料の一部を大学の所属者以外には貸し出さないと決めている所もある。

このように、全国共通図書館貸出カードにも弊害があるのだが、それ以外にも、国民総背番号制を基盤としてできあがったシステムであるがゆえに、個人情報保護の面でも課題となっている。共通貸出カードを登録するかどうかは利用者自身が決める。もし希望しなければ、今まで通り地元の図書館にのみ登録し、ほかの図書館が個人情報を共有できないようにすることも可能である。もちろん、気が変わって共通利用者登録をすることも可能である。

二〇一一年現在、公共図書館と大学など高等教育施設の図書館で共通貸出制度に加入している所は約七〇〇館で、全体の約七五パーセントを占めている。そして、登録者数は七五万五〇〇〇人に上っている。積極的に参加しているのは自館のかぎられた資料を補おうとする公共図書館で、所属学生や研究者へのサービスを優先する大学の付属図書館は、どちらかと言えば消極的と言える。

## フィヨルドをめぐるブックモービル

すべての人に無料で図書やそのほかの情報を提供するためには、全国津々浦々に図書館がなければならないわけだが、ノルウェーのように人口密度が低い国では図書館はどうしても偏在せざるをえず、サービスの空白地帯が生まれてしまっている。これを埋めるための方法が、ブックモービルやブックボートなどの移動図書館である。ここでは、ブックボートによる図書館サービスを紹介したい。

読者のみなさんもご存じの通り、ノルウェーはフィヨルドの国として知られている。フィヨルドは切り立った峡谷の奥まで海水が流れ込んでできた険しい地形であるが、その入り組んだフィヨルド地方で図書館サービスを行うためにノルウェーでは、一九

ブックボート・エポス号のパンフレット
出典：ソグン・オ・フョーラネ・フィルケ図書館

本でいっぱいのカバンを持ってブックボートから出てくる人びと
写真提供：ソグン・オ・フォーラネ・フィルケ図書館

ブックボートの中で行われるお話し会
写真提供：ソグン・オ・フォーラネ・フィルケ図書館

五〇年代からブックボートを運行している。

　ブックボートの航路は、ソグン・オ・フョーラネ・フィルケ（Sogn og Fjordane fylke）、ホルダラン・フィルケ（Hordaland fylke）、モーレ・オ・ロムスダール・フィルケ（Møre og Romsdal fylke）の三つのフィルケにまたがっている（xiページの地図参照）。当初は国から補助金が出ていたが、現在ではコミューンが運航の責任をもち、複数のフィルケが共同で運営している。

　たとえば、ブックボート・エポス号（Epos）は、九月から四月まで二五〇の小さなコミューンを順次巡回している。船の長さは八〇フィート（約二五メートル）で、六〇〇〇冊の本を搭載しており、乗り込むのは船長、船員兼料理担当者、司書が二、三名、そして巡航先でプログラムを行うエンターテイナーが一、二名である。町にブックボートが回ってくるのは半年に一回なので、その地域に住んでいる人びとはブックボートの到着を待ちわびて、一抱えもある図書を借りていく。

　船上では音楽コンサート、演劇、ピエロの訪問などといった文化的な催し物もあり、小さな町にとって、ブックボートがやって来る日はちょっとしたお祭り騒ぎとなっている。

### スーパーマーケットが町の図書館になった

　経済緊縮のあおりで、規模の小さな図書館が閉鎖されるというニュースを聞くことも多いなか、地域によっては分館業務を学校やコミューンの施設の一角に移し、サービス内容をかなり縮小して運営を続けている図書館もある。

それにしても、分館の閉鎖は身近な場所で図書館サービスが受けられなくなるということだから、利用者にとってはこのうえなく痛手となってしまう。このような状況を反映してか、ノルウェーの図書館業界誌〈本と図書館（*Bok og Bibliotek*）〉が二〇〇九年五月号において、「身体と心に栄養を」と題して、町のスーパーマーケットにミニ図書館が開設された例を紹介していた。

南部に位置するアウスト・アグデル・フィルケ（Aust-Agder fylke）のビェラン（Bjelland）地区の小さな町ママルダール（Mamardal）に、廃業寸前のスーパーマーケット「ヨーケル・ビェラン（Joker Bjelland）」があった。ちょうど同じ時期、町で唯一の図書館サービスであったブックモービルが廃止されることになり、今後、二二〇〇人の住民にどうやってそのサービスを提供するかという問題が浮上していた。問題解決のための苦肉の策として、「店内図書コーナー（bok i butikk）」の増設というアイデアが生まれ、コミューンの補助金を得てスーパーマーケット内に図書館の分室が造られることになった。

資料点数は二六〇〇点ほどだが、パソコンと閲覧室も備えつけられた。本の貸し出しは基本的にはセルフサービスだが、なかには機械の使い方が分からない利用者もいるので、そんなときには店員が図書の貸し出しを手伝っている。毎週水曜日には近隣の図書館から司書がやって来て、事務仕事を片づけるとともに本の入れ替えを行っている。

最初は、「専門のスタッフなしで図書室がやっていけるのか」という疑問の声も出たようだが、現在までのところトラブルめいたことは起こっていない。店員による利用者サポートがうまく機能していること、そして司書が定期的に図書室を訪れて業務をこなしているところが成功の秘訣のようだ。もちろん、図書館ができてからはスーパーの売り上げも上がり、本の貸し出し数もかなり増えたという。

このスーパーマーケットでの試みを皮切りに、ノルウェーでは「お店のなかに図書館を」という動きがいくつかの小さい町で見られるようになった。たとえば、北部の町グロング・コミューン（Grong kommune）では、ハラン（Harran）にあったコミューン唯一の分館を閉鎖することにして、スーパーマーケットに図書の貸出コーナーを設けている。また、ノルウェー南西部のフィヨルドの町ヴィンダフィヨール（Vindafjord）では、スーパーマーケットとガソリンスタンド四か所に配本所を設けている。

**雑貨店の図書貸出コーナー**
写真：ヴィンダフィヨール図書館

もちろん、図書館が図書館として独立して存在するにこしたことはない。でも、まったくなくなってしまうことのダメージを考えれば、スーパーマーケットの片隅であっても重要な図書館サービスの拠点となり、住民の拠り所となる。

本章では、ノルウェーの図書館を歴史と法律、そして制度面から見てきた。図書館、文書館、博物館の連携や、館種の垣根を越えた共通カードの導入など全世界に先駆けて新しい仕組みを取り入れてきたノルウェーであるが、それを牽引してきたのは図書館で専門職として働く司書たちである。次章では、その司書に焦点をあてて、専門職養成の現状、日々の業務などを見ていくことにしよう。

第4章

# ノルウェーの図書館員

マグヌスセン矢部直美

オスロ大学人文社会学図書館の貴重書コーナー

# 1 ノルウェーの図書館で働くということ

私が勤めているところは、首都オスロにあるオスロ大学の人文社会学図書館である。オスロ大学には、人文社会学図書館のほかに法学図書館、医学図書館、理学系図書館があり、これらの分館も含めて大学図書館を構成している。全体の職員総数は一八〇人ほどで、人文社会学図書館はそのうち約一〇〇人が働いている。一九九九年九月、複数の各学部付属の小規模な人文学部図書室と社会学部図書館が統合して開館した人文社会学図書館は一般の利用者にも開かれており、各国語の文学や、なかなか手に入りにくい専門書も一般貸し出しの対象となっている。

図書館はキャンパス内の一番人の行き来が多い所に位置していて、最寄駅となっているブリンナン駅を降りてまっすぐ歩いていくと、自然と図書館の建物に行き当たる。ガラス張りの開放的な壁に沿って学習スペースが設けられているほか、同じ建物内に大小の教室やカフェテリア、そしてこぢんまりとしたギャラリーなどもあるため、いつも学生や一般の利用者でにぎわっている。

毎週金曜日のお昼の時間には、図書館前のホールでコンサートやダンスなどの催しがあり、アマチュアだけでなくプロの音楽家やダンサーもやって来てはパフォーマンスを行っている。これは、大学が仕掛ける「ランチに文化を」という企画の一つである。普通なら高い入場料を払わな

広々とした敷地内に建物が点在するブリンナンキャンパス

窓際には学生用の学習スペースが確保されている

吹き抜けが気持ちのよい館内

いと観ることができないようなプロが出演することも多いのでとても人気があるし、出演する側にとっても、若い人たちが集まる場所での催しは、新たな聴衆を得る機会になっているようだ。

無料、しかも昼間ということで、退職者もたくさんやって来る。大学図書館とにぎやかな催しは一見ミスマッチのようにも思えるし、図書館内にコンサートの音がもれてきたりするのだが、現在までのところ苦情は出ていない。おそらく、催し物の質が高く、お昼休みの三〇分だけということもあって、利用者にとってもよい気分転換になっているのだろう。

**コンサートの様子**
写真：アニタ・ペーダーション・ロールダール　オスロ大学図書館

## 司書とサブジェクト・ライブラリアンが学生をサポート

ノルウェーの図書館で司書として働くには、学士課程レベルで取得する司書資格が必要であり、近年は図書館情報学の修士号取得がすすめられるようになってきた。とはいえ、オスロ大学図書館は規模が大きく職種が多岐にわたるため、司書以外の人もたくさん働いている。貸出部門にはアルバイトで働く学生もいるし、返却図書の配架などを担当している無資格の職員がいる。

図書館間における貸借の手続き、図書の受け入れ、目録作成および登録を行っているのは司書で、ほとんどの人がノルウェーで資格を取得しているが、なかにはスウェーデンで学んだ人もいるし、かつてはイギリスで司書の勉強をしたという人もいた。

それ以外にも、学部の授業や研究者のニーズに応じたさまざまな資料の選択や購入と分類、目録作成作業を行っている人や、学生や職員を対象として、授業内容に沿った図書館の活用法を教えているサブジェクト・ライブラリアンがいる。これらの職員は、学部向けの授業に沿った資料の検索スキルやその入手法、さらにレポートを書く際の正しい引用方法、参考文献リストの書き方や研究倫理など、かなり細かなことに至るまで指導を行っている。

サブジェクト・ライブラリアンには司書資格は必要とされていないが、担当する分野に関して修士号の学位をもっていることが条件となっていて、博士号を取得している人も少なくない。北欧でこのような職種があるのはノルウェーだけだが、アメリカやドイツの大学図書館ではこれに似た職種の人が働いている。

私自身は司書であるが、日本学・東アジア学関係の資料の選択購入と分類・目録作業の仕事に加えて、学部向けの図書館利用と情報リテラシーにかかわる授業も受けもっている。また、所蔵目録への登録に関しては、ほかの司書にとって扱いにくい中国語の資料も担当している。中国語のできない私だが、漢字の知識を駆使して業務に取り組んでいる（本章のトビラ写真参照）。

人文社会学図書館のなかにはセム語の資料や南アジアの諸言語の資料もあるため、それぞれの言語をある程度理解できる職員がこれらの資料の登録にあたっている。ただし、アジア学資料の大部分は英文をはじめとして他の欧文が占めているので、それらはほかの司書が手分けして登録をしている。

## 司書はゆっくり座っていられない

学期中は、毎週二回、各三時間のカウンター業務がある。これ以外に、週によっては全体会議や所属部門の会議、そして目録業務担当者の会議をはじめとした関連業務の会議が入る。また、学生のレポート提出時期にあわせて、図書館利用と情報リテラシーを扱う図書館コースがある。

たとえば、二〇一二年一月現在、オスロ大学の全図書館で開講されているコースは大きく二つに分かれている。専門領域に応じた情報探索を扱うコースと、領域を問わず誰でも参加できるコースである。前者の例としては、法律学専攻の学部生向けの「論文執筆のための情報探索法」、生物学専攻の修士課程の学生のための「データベースとレファレンスに関するスキルアップ」などがあり、後者の例としては「PubMed 入門」や「EndNote の使い方」[1] などがある。

日常業務以外にも、担当しているジャンルのウェブサイトのメンテナンス、メールでの質問に対する回答、選書、注文、分類作業、目録登録業務などに追われて、日々忙殺されている。オフィスが横に幅広い図書館の利用者スペースに隣接していることもあって、常に利用者スペースや他部門のオフィスとの間を行き来している。

資料の電子化によって、図書館を取り巻く環境はめまぐるしく変化してきた。新しい動向をキャッチするための研修会や業者による説明会など、今では増える一方となっている。言うまでもなく、大学図書館は常に研究環境に応じてサービスを提供していかなければならないため、司書には新たな情報サービスにかかわる知識やスキルのアップデートが常に求められている。これも、より良いサービスを行うために必須となっていることである。

このような大学図書館の一年間を、以下で簡単に紹介していくことにする。

---

（1）PubMed は、アメリカ国立医学図書館が提供する医学文献検索のためのデータベース。EndNote は、学術論文執筆のときに参考文献リストを自動的に作成するための論文作成支援ソフト。

## 大学図書館の一年――秋学期

八月に入ると休暇を終えて仕事に戻ってくる人が増えはじめるが、八月第一週のインターナショナルサマースクールの終了から新学期がはじまる八月中旬までは図書館は閑散としている。しかし、この時期を狙って来る研究者が込み入った質問をしてくることもある。また、ウェブサイトで新学期からはじまる授業の必読図書を調べて、夏休み中に借りに来るという準備のいい学生もいる。職員も三週間の夏休みをこの時期にとるが、カウンター業務に支障が出ないよう、春のイースター休暇が終わると早々に夏休みの調整を行っている。

八月の半ばから、四か月余りの秋学期が本格的にはじまる。この時期には新入生向けの図書館オリエンテーションが数日にわたってあり、そのあとには、学部の授業にあわせたさらに細かい図書館利用法のコースがはじまる。学部の授業には組み込まれていない自由参加の図書館オリエンテーションも何種類かあるので、図書館ホームページのなかには専用サイトが設けられており、対象学年や実施日時と場所がすぐ分かるようになっている。オリエンテーションの対象は、学部生、修士課程の学生、博士課程の学生などに分かれており、学期がはじまると担当者はとても忙しくなる。

大学図書館はオープンで自由に使えるのだが、使い方を習得するには少々時間がかかる。地下から地上までの五階分のスペースに配置された約五〇万冊の開架図書のジャンル別の場所、雑誌の探し方、デジタル資料へのアクセスの仕方、レポートや論文を書くときのレファレンスツールの使い方など、新入生には知っておくべきことがたくさんある。それらを学期初めにすべて紹介することは無理なので、内容を変えてオリエンテーションを何回にも分けて実施して、図書館の使い方をマスターしてもらうようにしている。

一〇月下旬から一一月にかけては、レポートや試験に追われる学生が増え、八時の開館前からたくさんの学生が入り口に並ぶようになる。朝早く来ないとあっという間に席がなくなってしまうからだ。

図書館という空間に身を置くことで集中力が高まるのだろうか、「勉強は大学図書館で」と決めている学生も多い。図書館が行っているアンケートにもこの傾向が現れていて、学生は大学図書館に対して、学習する所やグループ学習室など「学習センター」としての機能を求めていることが分かる。このことは、インターネット空間では提供できない何かを図書館が備えていることを示していると言える。

この時期になると、多くの図書館コースは終わっているが、個々の学生からの質問が増えてくる。カウンターに直接寄せられる質問のほか、授業や研究に関するレポート特定の質問がメールで各主題の担当者に直接送られてくるので、その対応に追われることになる。

一一月下旬、学生の多くがレポート提出を終えて筆記試験の準備に取り掛かるころになると、質問もぐっと少なくなる。そして、返却される資料の数が激増する。電子書籍や電子ジャーナルの増加によってかつてよりは少なくなったが、返却図書を置くためのブックトラックがいくつも並ぶというのがこの時期の典型的な風景となっている。

試験前のこの時期は、学生の要望にこたえて週末に開館したり、開館時間を延長している。一般にも開かれている図書館なので高校生も質問をするために来館できるが、貸し出しは一八歳以上に制限されている。

一二月は春学期の準備で、次学期の授業での必読図書などが蔵書にあるかどうかを調べ、なければ注文する。試験が終わると採点や口答試験をすませ、やっと自らのための研究時間が取れるようになった研究者が図書館にやって来る。学生への対応が一区切りついたところで今度は研究者への対応が本格化するのだが、この時期には書架の点検も行っているのでやはり忙しい。そして、クリスマス休暇の

返却図書を主題別に自動分類する機械

時期は利用者がぐっと少なくなるので開館時間が短かくなる。ちなみに、閉館するのは、原則としてカレンダーに記された祭日だけだ。

## 大学図書館の一年――春学期

春学期が本格的にはじまるのは一月の半ばぐらいだが、図書館は一月二日から開館している。これから六月の中旬ぐらいまでが春学期。秋学期よりやや長いが、途中にイースター休暇や五月にいくつもの祭日（後述参照）があるため、実際の就学期間はそれほど変わらない。ほとんどの学生にとっては秋学期が入学時期だが、なかには春学期から勉強をスタートする学生もいるため、秋学期よりは少ないが、必要に応じて図書館オリエンテーションが行われ、授業にあわせた図書館の情報検索のオリエンテーションも同じく行われる。

すでに述べたように、大学図書館は基本的にカレンダーの祭日と日曜日以外は開館していて、試験前になると週末も一部開館する。ちなみに、ノルウェーでは一般労働者に保障されている年次休暇の日数は多いが、カレンダー上の祭日は日本に比べると少なく、全部あわせても一〇日間しかない。キリスト教の祝日であるクリスマスも二四日の午前中は勤務で、二五日と二六日が休みとなっている。

そして、毎年日にちが動くイースター休暇だが、ノルウェーの場合、イースターの日曜日を挟んで木曜からはじまり、月曜までが休みとなっている。イースターと連動して変わるペンテコステ（聖霊降臨祭）の日曜日に続く月曜日は祭日、加えてキリスト教の祝日以外に年始の一月一日が休みのほか、五月一日のメーデー、一七日の憲法記念日があるが、夏以降はクリスマスまでカレンダー上に祭日はない。

日本と違って振替休日がないので、祭日が土日と重なると休みの日が少なくなるが、祝祭日の前後に続けて休暇をとる人が多い。また、小学生から高校生までの子どものいる家庭では、二月と一〇月に一週間ずつある冬休みと秋休みに親も一緒に休暇をとることが多い。これは図書館の職員も同じであるため、かなり前から休暇願をそれぞれが出して、かぎられた人員でも開館が可能なように出勤シフトを組んでいる。

### 伝統的な図書館業務とコレクションの電子化の狭間に出た新聞記事「もう図書館はいらない」

二〇一二年夏、オスロ大学図書館ではようやく開架書架にあるすべての本にＩＣタグを装着し、貸出・返却の自動化を進める準備をはじめた。ＩＣタグの導入によって図書館業務の効率化を図り、貸出部門のスタッフを削減することが目的である。

情報技術による業務の変化とともに、資料そのものも電子化の流れを受けて大きく変化している。医学や自然科学に比べればその影響は少ないが、私がいる人文社会学の分野でも電子書籍と電子ジャーナルの導入が進み、印刷図書の貸し出し、雑誌記事の複写サービスへのリクエストは徐々に減る傾向にある。

その一方で、図書館としては、電子化される可能性の少ない資料は引き続き紙媒体として迅速に閲覧と貸し出しができるような体制を保つ必要がある。また、電子資料で代替できない「貴重書」の閲覧サービスのための設備も、これまで通り保持していかなければならない。人員が少なくなる一方で、従来からのサービスを維持しながら新しいサービスに対応しているという現状だが、それだけにフレキシブルに多様な作業をこなせる図書館職員が求められていると言える。

ところで、二〇一二年八月一三日、全国紙〈アフテンポステン〉でノルウェーの有力大学ベルゲン大学（Universitetet i Bergen）のある教授が「もう大学図書館はいらない」という見出しのもと投稿を行った（ivページ参照）。その発言の要旨は、デジタル化時代においては、学術情報はインターネット上にすべてのデータを集約化する中央集権的な管理モデルが適していて、個々の図書館の重要性は失われつつある。これからは、物理的な図書館にはお金をかけずに、徐々に縮小化していくべきである、というものだった。

この発言に対し、オスロ大学の学長と大学図書館の理事がすぐさま反論を行った。大学関係者が資料にアクセスできるのは、利用者から見えないところで図書館員がさまざまな仕事を行っているからであり、デジタル革命が図書館を縮退化させるという主張に対しても、大学図書館はいまやデジタル化された学術情報の世界にあわせて再構築されており、再び人気を取り戻している。図書館の学習空間としての重要性は、今までよりさらに増しているというのが反論の主旨であった。

実際、大学図書館が開催する情報リテラシーを扱う授業に参加する学生は増えており、情報源の批判的な吟味、引用の仕方、情報利用のモラルなどを学んでいる。

この投稿をめぐってさまざまな議論が飛び交ったのだが、図書館関係者はグーグル世代にとっても図書館はなくてはならない場所だと結論づけている。その理由として一番に挙がったのは、複雑な資料検索方法を指導する場や人の必要性で

「大学図書館は必要だろうか？」という見出しが掲げられている
出典：〈アフテンポステン〉

あった。

実際、図書館での質問数は減っているが、インターネットの検索サイトでは答えの出せないような込み入った内容に関する質問は増えているのである。また、多くの資料がインターネットを通じて利用できるにもかかわらず、実際に大学図書館を訪れる利用者数は二〇一一年に一三〇万人もおり、図書館オリエンテーションに参加した学生の数は七七〇〇人に上っている。複雑になる一方の資料検索や利用方法の指導、そして授業内容にあわせた情報リテラシーの教育にかかわる司書の重要性は、今後ますます高まることになる。

また、図書館が資料を入手するという目的以外に使われ、図書館の物理的な存在感がインターネット時代において高まっていることに、図書館関係者のみならず利用者が気付きはじめたようである。つまり、大学図書館も公共図書館と同じように一種の出合いの場として機能しているということである。

学生同士の勉強の場、司書と利用者との会話の場、資料と利用者の出合いの場、インスピレーションの場としての役割が大学図書館に今後求められることはまちがいない。それだけに、より正確に効率的に資料情報を提供することを目的として、印刷媒体の図書や雑誌、そしてデジタル資料も加えた図書館のコレクション全体を専門職が手をかけて管理していくことがよりいっそう必要となる。

## 情報学部の学生と図書館スタッフが携帯アプリを共同開発

オスロ大学図書館では、利用者の研究に密着したサービスを考えるプロジェクトがある。情報学の授業に図書館も加わる形で利用者の視点からの新しいサービスを考えているのだが、そのなかから最近のプロジェクトを一つ紹介しよう。

自然科学図書館を中心に図書館職員が加わって、学生グループに自分たちが望んでいる図書館利用のための携帯電話のアプリケーションを開発してもらおうという企画で、開発に必要となるサポートを図書館が行ったり、情報学の授業自体にも図書館の担当者が参加している。言ってみれば、「図書館の利用者である学生による図書館サービスの開発」で

右：図書館でのアプリ開発
写真：フレデリック・ユール
オスロ大学図書館

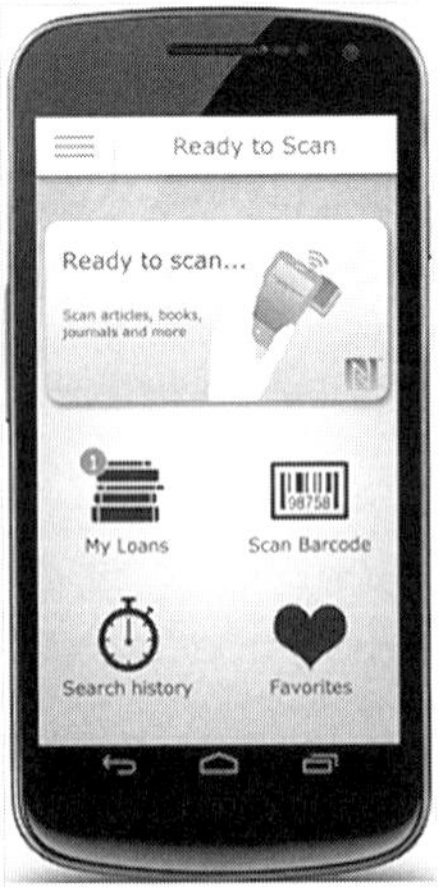


学生が開発した図書館用アプリ
写真：フレデリック・ユール　オスロ大学図書館

ある。

このプロジェクト、情報学部では「インタラクション・デザイン」や「携帯電話の情報サービス開発」という授業に組み込まれている。三名から五名の学生からなる五グループの学生が参加しており、「図書を見つけるためのアプリ」、「必読図書を素早く見つけるアプリ」、「グループ学習教室の予約システム」、「利用者の希望を知るためのアンケート」、「NFC/FRID（非接触型ICカード）を使った図書館用アプリ」の開発が進んでいる最中である。まだ完成はしていないが、このうちのいくつかでも多くの人に利用してもらえるようなシステムに発展させていくことをプロジェクトは目標にしている。

大学図書館では、今回のプロジェクトをきっかけに、今後も学部や学生と連携を取りながら利用者に密着したサービスや図書館サービスの共同開発を続けていきたいと考えている。

これには、図書館サービスをより良くするということ以外にもう一つの目的がある。図書館の資料の多くが電子化され、利用者は図書館に来なくても資料を利用できるようになった結果、利用者と直接会ってのコミュニケーションの場が少なくなり、利用者のニーズや要望が見えにくくなったというパラドックスに陥っている。開いてしまった利用者との距離を再び埋めるためにも、図書館が利用者と一緒になってサービスを考えていこうとしているわけである。

# 2 図書館員の養成

## 司書養成を担う三つの国立大学

ノルウェーで図書館員として働くためには司書資格を取得する必要があるが、現在、国内の三つの大学、オスロ・アーケシフス専科大学図書館文書館情報学専攻、トロムソ大学人文社会教育学部文書資料管理学専攻（Universitetet i Tromsø/Humanistiske fag, kunst- og musikkfag / Dokumentasjonsvitenskap）、アグデル大学人文教育学部学校図書館学専攻（Universitetet i Agder/ Humanistiske fag/ Skolebibliotekkunnskap）が司書養成にかかわっている。これらの大学で勉強し、試験に通って資格を得ると国家資格の司書として認定されることになる。ちなみに、アグデル大学は、二〇〇九年から二〇一三年にわたって「学校図書館発展支援プログラム」[2]の責任機関として国から指定されている。

以前は専科大学（八九ページ参照）で図書館学が教えられていたのだが、二〇〇〇年代に入って多くの専科大学が総合大学になったため、専科大学でも修士号以上の学位を取得できるようになった。これは、ヨーロッパ内の大学の単位制度を共通にして互換性を実現する「ボローニャ・プロセス」[3]と呼ばれる高等教育改革によるものである。

オスロ・アーケシフス専科大学は、ノルウェー語では「専科学校（Høgskolen i Oslo og Akershus）」を現在でも名乗っており、教育課程に実習が多く含まれる点がこの学校の特徴となっている。言うまでもなく、理論中心のオスロ大学（Universitetet i Oslo）とは別の教育機関である。このオスロ・アーケシフス専科大学は、国内最大規模で、一番古くからある図書館司書養成機関である。

司書資格をとるためにはいくつかの方法があるが、最低二年間の図書館情報学の修学に加えて、インターネット情報の収集・管理、情報機関の運営法、文化マネジメントにかかわる法律や政策など、司書が知っておくべき周辺的、応用的領域を中心とした図書館情報学のさらなる科目の履修、あるいはほかの科目との組み合わせでも可能である。いずれにしても、現場での実習が必須で、一年と二年の春に公共図書館や専門図書館で一か月間の現場実習をしながら、特定のテーマ

（2）ノルウェーの子どもたちの読書能力の向上を目指し、全国レベルで進められている学校図書館振興プロジェクト。教師が学校図書館について理解を深めたり、授業に図書館を活用するためのサポートもプログラムに含まれている。

（3）（Bologna process）一九九九年にイタリアボローニャで採択された「ボローニャ宣言」に基づく高等教育に関する改革プロセスのこと。ヨーロッパ内の高等教育機関において、学位や教育基準を調整しながらヨーロッパ教育圏を確立することで世界的な競争力を図る意図がある。

について レポートを提出することが義務づけられている。もちろん、司書教育の内容は各教育機関によって若干異なっている。

資格取得のための実習以外に、週末や夕方を使って図書館でアルバイトをしている学生もいる。私の職場でも勉強中の学生がアルバイトをしており、普段は貸出部門で働いている。彼女の実習先はイタリアのローマにあるノルウェーインスティチューション（Det norske institutt i Roma）付属図書館で、そこで一か月間研修をしたと言っていた。ローマでは、職員がたった一人という環境であらゆる種類の仕事をこなす必要があったようで、大きな大学図書館でのアルバイトとはずいぶん違った環境で実習をしてきたそうである。

多くの場合、司書資格を取得した人は、公共図書館、専門図書館以外に、博物館、公文書管理、会社などの文書管理、新聞社、出版社、書店、文化関係、公機関の文化部門などで働いている。また、研究者になったり、文化保護、学校図書館の指導といったものにかかわる業務に携わっている人もいる。

## 図書館員教育の歴史

ここで、ノルウェーの司書養成における歴史を振り返ってみよう。ノルウェーで初めて司書の養成が提案されたのは一九〇七年のことであり、提案者はノルウェー近代図書館の基礎をつくったニーフース（一三九ページ参照）である。ニーフースの提案は、一九三六年にノルウェー図書館協会（Norsk bibliotekforening）と労働党図書館委員会によって起草された公共図書館法のなかに盛り込まれた。その結果、司書教育のための国家予算が付き、図書館学を専門とする国立図書館学校（Statens bibliotekskole）が一九四〇年一月に設立された。

入学には、高等学校の卒業と図書館での九か月の実務経験が要件とされていた。四四名の入学希望者のうち二六名が入学を許可され、ノルウェー全土からやって来た。入学後は、五〇名もの教授陣から五か月間で四〇〇時間の司書教育を受けるというものであった。ちなみに、教育課程の七〇時間は、選択科目として、専門図書館、児童図書館など特定のテーマの勉強に当てることができた。

こうしてスタートに立ったばかりの図書館学校であったが、この年の四月、ナチによるノルウェー占領によって閉鎖に追い込まれた。しかし、短期間ではあったが再開校がなんとかでき、第一期の二三名が学習を修了することができたのだが、第二次世界大戦によって再び閉校を余儀なくされた。

授業が再開されたのは一九四五年の秋のことである。この時点での入学要件は、実務経験二年間であり、修学期間は九か月であった。その後、実務経験の要件がゆるめられ、一九七二年には入学前の実務経験が問われなくなり、在学中の付属図書館での実習という形に変わった。一方、修業期間は長くなり、一九六五年以降は四学期間の勉強が必要になった。ちなみに、一九七〇年代には学生数が三〇〇人を超えるほどになったのだが、この背景には一九六〇年代から高等教育が急速に普及して大学で学ぶ学生数が一万人に上り、大学付属図書館や一般図書館で資料管理にあたる人材養成が切実な問題になったという事情がある。

## 図書館学校から図書館情報大学へ

国立図書館学校は、一九八〇年には「国立図書館学大学（Statens bibliotekhøgskole）」となり、さらに一九八九年に「国立図書館情報学大学（Statens bibliotek- og informsjonhøgskole）」へと名称を変更した。一九九四年にはそれまで独立していた専科大学が組織統合されて、図書

オスロ・アーケシフス専科大学
写真：ヨン・アントニー・ヒュース　オスロ・アーケシフス専科大学

館情報学大学は看護、工芸、教職といった実技を必要とするほかの学校とキャンパスを共有するようになった。

二〇一一年になると、さらにオスロ郊外のアーケシフス・フィルケ内の複数の専科大学とも統合し、「オスロ・アーケシフス専科大学」の一部になった。独立性の高かった司書養成教育が、大きな高等教育組織の一部で行われるようになったわけである。

基本的には、専科大学の統合は教育機関の経営合理化を目的としているのだが、統合による利点ももちろんある。たとえば統合後、教授陣および学生はほかの学部と活発にコミュニケーションを取るようになったのだが、それは、もともと学際領域として発達してきた図書館情報学にさらなる学問的広がりと厚みを加えることに役立っている。

## 3　図書館員のネットワーク

変化が早い図書館界にあって、司書は常に新しい情報をキャッチして業務に生かしていく立場に置かれている。幸い私は、職員数が一八〇人もいるオスロ大学図書館で働いているので、日常業務に必要な情報はたいてい同僚から得ることができる環境にある。それでも、年に何回かは大学外の会議やセミナーでの交流を通して、国内外のほかの図書館、とくに専門図書館の同僚と専門的業務に必要な情報を交換している。これらは、いわば司書同士のインフォーマルコミュニケーションであるが、フォーマルな組織としては「ノルウェー図書館協会」がある。以下、いくつかについて少し説明することにしよう。

## 創立一〇〇年を迎えた伝統あるノルウェー図書館協会

一九一三年設立のノルウェー図書館協会は、もっとも歴史ある司書のための専門職団体である。年に一度開かれる全国大会のほかに、支部レベルで司書同士の交流と研修を兼ねた集会が開催されている。これらの集会では、図書館界の課題を地方と国の行政関係者にどのようにアピールしていくかということが、ここ何年かとくに重要な議題として取り上げられるようなった。

というのも、近年の図書館を取り巻く問題は、人員削減や新たな設備投資の必要性など、経済的な問題と直結しているからだ。地方レベルでも国レベルでも、政治に対してどちらかというと控えめな行動をしてきた図書館界だが、ここにきて図書館の抱える深刻な問題を政治家に積極的に伝える必要性に迫られている。

## メーリングリスト「BibliotekNorge（ビブリオテークノルゲ）」は図書館員の頼れる味方

ノルウェーでは地方に行くと図書館職員が二、三人しかおらず、週二、三回の開館がやっとという小規模図書館もたくさんある。こうした環境で働いている司書は、利用者から寄せられるレファレンスの質問に対応する際、相談できる同僚が身近に少ない。そんな図書館員の力強い味方がメーリングリスト「BibliotekNorge」である。

このメーリングリストは国立図書館が運営の母体になっていて、司書にかぎらず図書館に関心のある人なら誰でも登録できるが、活発に意見を交換しているのは圧倒的に図書館関係者が多い。利用者からのレファレンスの質問に関して、司書仲間にサポートを求める内容のものから電子書籍と今後の図書館のあり方に対する議論まで、幅広いテーマにかかわるさまざまな意見が飛び交っている。

図書館界にはヒエラルキーをなるべく低く保とうとする文化が伝統的にあって、草の根の意見がよく届くことがよき特徴の一つとなっている。「BibliotekNorge」はこの文化を象徴するような存在で、公共図書館、専門図書館を問わず図書館関係のトピックが活発に議論されるもっともオープンな場となっている。メーリングリストに登録していると、図書館界で話題になっている情報をタイムリーに入手することができる。

このメーリングリストはノルウェー国内のネットワークであるが、国外の動きにも敏感に反応している。たとえば、ノルウェーで電子書籍に関して出版社と図書館と利用条件の合意がなかなか進展しない状況で、メーリングリスト上では隣国のスウェーデンやデンマークの電子書籍をめぐる現状が素早く伝えられている。また、ヨーロッパやアメリカで開催される図書館関係のセミナーや海外のニュースも頻繁に伝えられる。「BibliotekNorge」は、司書にとって、職場や図書館関係者の集まる場での交流に加え、情報入手のためのもう一つの重要な窓口となっている。

## 北欧の図書館が一つになって図書館協力

私の勤務先のオスロ大学図書館では、約二万八〇〇〇人を数える学生や七〇〇〇人余りの研究者に必要な資料を提供するために、図書館間の相互貸借システムを使って国内の図書館から資料を取り寄せている。

オスロ大学図書館は国内では最大規模の資料数を誇るが、それでも欧米の諸外国の大規模大学図書館と比べれば資料にかぎりがあり、図書館間の相互貸借の必要がある。ノルウェー国内の図書館でまかなえないものは、隣国のスウェーデン、デンマーク、フィンランドはもちろん、ヨーロッパやアメリカにも毎日のように相互貸借のリクエストを出している。当館からそれらの国々への貸し出しも日常的に行われており、国境を越えた資料貸借が日常業務に組み込まれているのである。

とりわけ、北欧諸国内においては人も情報も交流がとても密となっている。その理由は、各国の規模が比較的小さいこと、とくにノルウェーは北欧五か国中でアイスランドの次に小さい国であり、ほかの国々との協力があらゆる面で必須となっている。北欧間の協力を強化するために第二次世界大戦後に創設された北欧理事会（Nordic Council of Ministers）[4]も、各国の協力体制を支えている。

スウェーデン、デンマーク、ノルウェーは地理的にも一番近く、歴史的に見ても一四世紀末から一六世紀にかけて三国が一つにまとまったカルマル同盟[5]の時代が長く、各国の言語も似ている。三か国が自国の言葉を使っても、まるで方言のようにお互いに意思疎通が可能という利点があり、あらゆる場面で団結が見られる。

もちろん、会議やセミナーの共同開催も行いやすい。図書館間の相互貸借にしても、三国の地理的中心点ともいえるスウェーデンのヨーテボリ（Göteborg）を基点に、毎日のように資料が行き来している。

（4）一九五二年に設立された北欧五か国を中心とした北欧連携のための公的機関。第二次世界大戦中、北欧諸国が協力できなかったことによって甚大な被害が出たことへの反省に立って設立された。
（5）一三七九年にデンマーク・スウェーデン・ノルウェーの三王国間で締結された同君連合。

## 専門領域の研究を支える図書館協力

私自身は、司書の通常業務である資料の登録やカウンター業務に加えて東アジア関係の資料を専門に担当しており、大学での授業や研究のための資料整備が主たる任務となっているので、その専門的なネットワークにも所属している。

ノルウェー国内で日本語を教えている大学としては、オスロ大学のほかにベルゲン大学、トロンハイム大学があるが、これらの大学図書館では日本語や中国語ができる司書は勤務していない。そのため、東アジア関係資料に関して必要な情報を得るためには国外のネットワークに頼る必要がある。現在は、北欧のアジア学関係団体をつなぐネットワークである「北欧アジア学協会(Nordic Institute of Asian Studies：NIAS)」[6]が一番身近で大切なネットワークとなっている。北欧アジア学協会は、二〇一二年にコペンハーゲン大学キャンパス内に移動したが、大学とは独立して運営されており、北欧内の会員機関のアジア学を支えている。

近年、アジア学の分野でもデジタル資料が増加し、専門のデータベースにアクセスして情報を得る重要性が増しているが、規模の小さい北欧の国において、専門性の高いアジア言語のデータベース契約には経済的に無理がある。そこで、北欧アジア学協会がネットワークを運営し、データベースを提供することによって、各会員機関が北欧アジア学協会のウェブサイト「AsiaPortal」を通して、デジタル資料を自由に使うことができるようにシステムを構築している。しかし、データベースの料金を個々の図書館が支払う必要はない。北欧アジア学協会自体は、北欧理事会、コペンハーゲン大学、支援団体からの資金援助および各会員機関の会費によって運営されている。

アジア学データベース・サービスを担当している北欧アジア学協会の図書館部門では、年に一度、各会員機関の司書に呼びかけて会合をもっている。北欧アジア学協会に登録していてもアジア学関係の司書がいない図書館も多いので会議への参加者は一〇名前後にとどまるが、この会議は、それぞれの組織における業務内容や大学でのアジア学の現状報告や、会員が参加した会議やセミナーの情報を交換する貴重な場となっている。

## 専門的な仕事は海外ネットワークを駆使して

北欧アジア学協会に加えて東アジア学のなかでも日本学を専門とする私にとって、もう一つ重要なネットワークがある。それはヨーロッパで日本学資料にかかわる仕事している人のための組織である「日本資料専門家欧州協会」[7]である。

（6）ＮＩＡＳは、北欧理事会（ＮＩＡＳの運営資金を大部分を提供している）によって設立された研究者を擁する学術機関。他の学術機関からの独立性を維持しつつ、北欧でアジア学に携わる学生・研究者をサポートしている。具体的にはアジア学専攻学生への奨学金の貸与、会議・研究会の開催、学術書の出版を行っている。

この組織への主な参加者は、大学、博物館、美術館などの付属図書館の司書やキュレーターとして日本資料にかかわる仕事の担当者で、専門家会議には、日本、アメリカ、そのほかの地域からも参加者がある。日本からは毎年、国立国会図書館と国立情報学研究所などからも参加があり、日本の図書館の現状と課題、そして将来計画にかかわる情報を得ることができている。

この会議は、海外における日本関係資料の現状や要望などを日本からの参加者に伝える貴重な機会ともなっている。日本学関係のデータベースを取り扱っている業者も参加しているので、国外のユーザーからの要望を知らせることもできるよいチャンスでもある。

国内に仕事の内容を相談する相手がいない私にとって、この会合で毎年顔を合わせる他国の司書とのつながりはとても重要な情報源となっている。ノルウェー国内の日本語資料のコレクションはかぎられているので国外からの借り出しが不可欠なのだが、日本資料専門家欧州協会の仲立ちによって日本語資料の借り出しがスムーズにできるようになった。

日常業務を円滑にこなすためにも、専門業務に必要な専門的な知識を得るという点でも、ヨーロッパの日本資料関係者のネットワークは欠かせないものとなっている。ちなみに、日本資料専門家欧州協会以外にも中国学司書の団体である「中国資料専門家欧州協会（European Association of Sinological Librarians：ＥＡＳＬ）」や、東南アジア司書の団体「東南アジア図書館グループ（The Southeast Asia Library Group：ＳＡＬＧ）」もある。

## 日本学専攻の学生たち

日常的にかかわりの深いオスロ大学文化研究・東洋言語学部（Universitetet i Oslo、Det humanistiske fakultet、Institutt for kulturstudier og orientalske språk）で日本学を学ぶ学生たちについて少し紹介したいと思う。日本学はベルゲン大学、トロンハイム大学でも教えられているが、規模が一番大きく歴史的にも古いのがオスロ大学で、近年では定員以上の入学希望者がいる。その多くが、小さいころに接したアニメやマンガがきっかけで日本や日本語に興味をもった学生である（第6章3節を参照）。二〇年ぐらい前は、日本学の専攻希望者は柔道や合気道といった武道をやっていた学生か、宗教や哲学に興味のある学生で、人数も毎年一〇名にも満たないぐらいだった。定員を超える学生が志願する現在の状況は、大学改革の影響もあるのだろう。

日本学を専攻すると、日本語を学びはじめて二年目の最初の学期に、日本の大学での一学期間の勉強が組み込まれている。この日本滞在も、学生たちにとってはとても魅力的なものとなっている。この滞在を終えた学生はみな、日本語会話に関しては見違えるほど上達して戻ってくる。

日本学専攻の学生にかぎらず、アニメやマンガのファンで、コスプレやキャラクターのフィギ

---

（7）（European Association of Japanese Resource Specialists：EAJRS）日本学にかかわる資料や情報資源に関心をもつヨーロッパの司書、キュレイター、研究者によって、一九八九年に創設された学術団体。欧州内および日本と欧州を中心に、近年は北米、アジア、豪州ともネットワークを構築し情報交換を行っている。

ュアに興味のある人がたくさんいる。毎年、ノルウェー国内で各種のコスプレの催しが開催されているし、オスロ市内ではフィギュアが買える店まで登場した（二六六～二六七ページ参照）。

レポートや試験のために図書館のカウンターに質問にやって来る学生のなかには、今からコスプレの催しに行くかのような服装の学生もいる。一見すると、こちらがひるんでしまいそうな格好なのだが、実際に接するととても礼儀正しくていねいに質問してくるので拍子抜けしてしまうこともある。かつての日本学専攻の学生は静かでひっそりしたタイプが多かったのだが、今の学生は全体的にとてもにぎやかで楽しそうである。

日本語を学ぶ学生たち

## 若き図書館員がこれからの図書館を語る

　司書という専門職に焦点を当てて、その仕事の内容や広がりについて紹介してきた本章を締めくくるにあたって、オスロ大学図書館で働きながら図書館情報学を学んでいる若者に登場してもらうことにする。今後の図書館界を支えていく若い世代は、図書館をどのようにとらえているのだろうか。

**シリエ・ヤコブセン（Silje Jacobsen・二七歳）**——オスロ出身のヤコブセンさんは、図書館情報学を学びはじめる前には歴史と政治学も勉強していた。「何をやりたいか、よく分からなかった」と言う彼女だが、図書館情報学の勉強をはじめる一年ぐらい前から、徐々に司書の仕事に興味をもつようになった。現在三年生で、週に約一〇時間はオスロ大学図書館でアルバイトをしているが、夕方や土曜日の勤務が多いと言う。

　図書館情報学を学んでいる同期の学生は八〇名ほどだが、そのうち五〇名ぐらいが女性らしい。何年か前から男子学生が増えてきたようだが、その理由は「コンピュータ技術にかかわる科目が加わったから」だと言っていた。

　貸出カウンターが主な仕事で、一年半ほどこの業務に携わっている。図書館には小さいころから興味があり、たくさんの本が並んでいる図書館にいることが好きだったが、勉強をしてみると、利用者として知っていた図書館とはずいぶん違う面もあることを知った。大きく変化している図書館だが、将来も存在し続ける必要性のあるものだと確信している。

卒業後は、できれば年齢や背景の異なる多くの利用者と接触できる公共図書館か学校図書館で働けたらという希望をもっている。さまざまな利用者に適切な図書やデジタル資料を紹介する仕事はとても興味深いし、重要な学術情報に誰でもアクセスできるようになる「オープンアクセス」の動きがさらに進展してほしいと考えている。「ノルウェーでは、税金が研究を支えているのだから、それを公に無料で還元することは当然です」と彼女は語る。

シリエ・ヤコブセンさん

図書館情報学には、変わりゆく社会に適応していく図書館の役割を考えるという授業もあり、社会に密着した図書館活動は本当にやりがいがあると思っている。たとえば、移民に対する対応も図書館にとっては大切な仕事で、今後もますます重要になってくるだろうと考えており、さまざまな文化背景をもった人びとがノルウェー社会に適応するためには図書館が大切な役目を担っているという。

「司書として働くことが夢」と言う彼女だが、本にかじりついてばかりいるわけではない。ノルディックスキーが趣味だし、「サルサ、タンゴ、バチャッタといったラテンのダンスを踊るのも大好きです」と言っていた。

**ガイル・ノーダンゲル（Geir Nordanger・二七歳）**——ホーネフォス（Hønefoss）出身のガイルさんは、オスロ大学図書館の司書として二年ほど勤務している。ここに来る前には、公共図書館や地方の大学図書館でも仕事をしてきた経験がある。彼もまたアウトドアライフを一年中楽しんでおり、とくに冬はクロスカントリーに打ち込んでいる青年である。

司書資格を取る前には電子工学や数学、物理なども少し勉強し、エンジニアになることを考えた時期もあったと言う。しかし、社会学にも興味をもっているので、その関係の授業をとったり、ディベートのためのレトリックを勉強してきたという青年である。軍隊に入隊しない代わりの社会奉仕として学校で働き、障碍児教育施設で補佐的な仕事をしたり、学童教育を手伝ったりもしてきた。

家族みんなが読書好きの家庭で育ったので、公共図書館は子どものころから利用していたが、司書になろうとは考えていなかった。いろいろな勉強をするなかで図書館情報学もとりあえずはじめたが、時間の経過とともに「面白くなった」と言っている。とくに、あらゆる人に対する啓蒙という近代図書館の理念が根本にあることに魅力を感じており、図書館内のどんな仕事も、この原則に基づいているから意味があると考えている。

図書館の仕事については、「人と接することが面白く、自分のもっている理工系の知識も役立つのでそれも面白い」と言っている。現在、図書館利用や情報を利用者に伝えるための部門（Seksjo for formidling）に所属しており、レファレンスカウンターの仕事や利用者指導のためのコース（一七六ページ参照）を担当しているが、博士課程の学生を対象とした高度な情報支援からサブジェクトライブラリアンと一緒に行う修士学生向けのコース、学部生向け、そして海外からサマースクールにやって来る研究者対象の図書館ガイダンスまでさまざまな仕事をこなし、その準備にかなりの時間をかけているらしい。

「仕事内容にバリエーションがあるので、退屈になることはない。自分は、とくに新しいテクノロジーに興味があるというタイプではなく、どちらかというと保守的な要素をもっていると思

ガイル・ノーダンゲルさん

う」

このように言う彼は、二〇一二年の秋から、仕事のかたわら図書館情報学の修士の勉強をはじめている。「図書館における学術研究の支援」に興味をもっており、「修士の勉強のほうが学部時代よりもずっと面白い」とのことだった。

大学図書館では、今後さらに研究者や学生と密着して、研究をサポートしていく必要があると考えている。利用者があってこそ図書館であり、その利用者が喜んでくれるから図書館の仕事はやりがいがあると言う彼だが、今後の課題について次のように話してくれた。

「学術情報を取り巻く環境はますます複雑になっていくので、本が置いてある場所としての図書館だけでなく、情報を整理して、適切な情報を利用者に提供する必要性が増している。ただ、デジタル化が進むにつれ、そのうしろにある図書館が利用者から見えにくくなっているので、その部分をいかにして利用者に分かってもらうかがこれからの大学図書館の課題だろう」

修士課程の勉強で今まさに学んでいることだが、社会の変化や利用者の要望の変化に図書館や司書がどのように対応していけるのか、まさしく図書館における将来の存在意義にかかわる問題であろう。頼もしい司書、ノーダンゲルさんの締めくくりの言葉は次のようなものであった。

「対応していこうという意識がなければ、図書館がいくらよい資料をもっていても社会のなかで存在意義は薄れていくだろう。価値のある資料を利用してもらえる状態に、利用者の望んでいる資料や情報を提供できるように、伝統的な部分も継承しながら社会の変化に対応し続けることが必要だ。図書館も司書も、社会のなかで必要な存在であり続けると信じている。それだけに、自分はずっと図書館で仕事を続けていきたい」

第5章

# ノルウェーの図書館における多様な利用者へのサービス

和気尚美

移民のためのパンフレットがたくさん置かれた情報コーナー
(トーショーヴ図書館)

# 1 障碍者サービス

## ノルウェー視聴覚障碍者図書館

ノルウェー視聴覚障碍者図書館（Nordisk Lyd- og Blindeskriftbibliotek：ＮＬＢ）は、出版・流通されている一般的な印刷物を読むことが難しい人びとを対象に電子書籍や点字資料を提供している図書館であり、ディスレクシア（dyslexia・難読症）、もしくはそのほかの識字障碍をもつ人びとが主な利用者となっている。

音声資料や点字資料をノルウェー最大規模で提供しており、すでに音声資料は約一万六〇〇〇点、点字資料については約六〇〇〇点を所蔵しているほか、毎年一一〇〇点以上の電子書籍や四〇〇点以上の点字資料が作成されている。

分野や年齢層に偏りのないようにコレクションは配慮されており、フィクション、ノンフィクション、学習参考書などと幅広いものとなっている。また、既成の資料を収集するのみではなく、独自に多岐にわたる分野の資料の作成や日刊新聞〈アフテンポステン〉を音声化する作業も行っている。これらの資料の作成や貸出手続きなどの作業が、すべてコンピュータによって行われていることも特徴の一つと言える。

ＮＬＢは、大学生や専科大学の学生を対象にした資料の作成と貸し出しも行っている。具体的なサービスとして、活字を読むことが困難な学生に対しての教科書や参考書の貸し出しが挙げられる。また、学生専用のカウンセリングサービスも提供しており、個別の学習案内や指導も行っている。なお、学生用の資料はすべて一般の利用者も利用することが可能となっている。

ＮＬＢが提供するサービスはすべて無料であり、ノルウェー全土が対象となっている。利用者が資料を必要とする場合は、「私のファイル（MappaMi®）」というウェブ上のシステムを通してダウンロードするか、本のデータをＣＤに焼いてもらい、無料で希望する住所まで郵送してもらうことになる。

所蔵資料の大半はＮＬＢが独自に作成および録音したもので、音質レベルを高めるために専用の機材を使用して録音が行われている。日刊新聞〈アフテンポステン〉や学生用の教科書や参考書の八〇パーセント以上の録音には音声合成技術が使用されている。

音声合成技術について少し簡単に説明しておこう。言うなれば、人間の音声を人工的につくり出すことである。この技術を使用することで、単語のみならずテキストを丸ごと音声に変換可能なため、「テキスト読み上げシステム」とも呼ばれている。つまり、〈アフテンポステン〉や教科書の録音は、人の肉声による朗読ではなく、あらかじめ設定されたプログラムによって機械が人口的に文章を読み上げているわけだ。

ＮＬＢが作成した資料については電子的にコピーすることが可能なため、紙媒体の資料のような「予約待ち」ということはない。電子的なサービス提供に至るまでには政府と著作権所有者との間で長い協議が行われたが、ＮＬＢが独自に作成した資料については制限なく複写することが結果的に許可された。これにより、資料を求める利用者に、いつでも自由にさまざまな資料を提供できるようになった。

**「読者の求める図書」(Leser søker bok)**

「読者の求める図書」は、読むことに問題を抱えているあらゆるタイプの人びとに質の高い資料を提供することを目的と

表 「読者の求める図書」連携機関リスト

| | |
|---|---|
| ノルウェーノンフィクション作家・翻訳家協会（NFF） | 国際児童図書評議会ノルウェー支部（IBBY Norge） |
| ヴィジュアル・コミュニケーション協会（Grafill） | ノルウェー児童図書協会 |
| ノルウェー児童・ヤングアダルト作家協会 | ノルウェー生涯学習協会（VOX） |
| ノルウェー作家協会（NBU） | スタヴァンゲル読書センター |
| ノルウェー書籍販売協会 | 障碍者連合 |
| ノルウェー出版協会 | ノルウェーディスレクシア協会 |
| 書籍出版協会 | ノルウェー発達障碍協会 |
| ノルウェー図書館協会 | ノルウェー遅進児協会 |
| 学生協会（AOF） | ノルウェー非言語・記号言語協会（ISAAC Norge） |
| ノルウェー視聴覚障碍者図書館 | ノルウェー労働組合協議会連合 |

出典：「読者の求める図書」公式サイトより作成。
http://www.lesersokerbok.no/

して、二〇〇三年に設立された団体である。同財団は二〇の組織からなる連携機関で、会員には、書店組合、著作者協会、出版社協会、および対象グループを代表するさまざまな組織が含まれている（右ページの表参照）。

主な活動の一つとして、読むことに困難のある人びとが少しでも読みやすい資料を、作家やイラストレーターと協力して開発していくことが挙げられる。ここで言う「読みやすい資料」とは、読みやすいフォントを使ったテキストの資料、理解しやすい内容の資料、オーディオブック、大活字本、点字図書、手話および手話のイラスト付きの資料、触る絵本[1]などを指している。また、このような資料を出版する際には、財政的な支援と専門的な視点からの助言を提供している。

そのほか、「すべての人のための図書」というカタログや「ブッ

(1)　いろいろな手触りの素材をページに貼付けて、それらを触りながらストーリーを楽しめるようにした本

読みやすい本のリスト
（ヴェストレ・トーテン図書館）

視覚障碍者が文字を拡大して読むための端末（トーショーウ図書館）

クサーチ（Boksøk）」というウェブサイトの運営を行っている。これらのサイトには、読むことが困難な人びとにとって読みやすい形式に整えられた資料に関する情報がまとめて提供されている。

図書館への支援も同財団の活動の一つとなっている。これらの資料に関して十分な知識をもつ司書を育成するために講習会を実施したり、情報提供を行っている。また同財団は、読書サポーターのネットワークづくりも行っており、自力で読むことが困難な人のための対面朗読や、読書への関心を高めるための読書会の支援に取り組んでいる。

### トロムソ図書館（Tromsø bibliotek）の「りんごの図書館（Epleavdelinga）」

ノルウェー北部、白夜やオーロラといった北極圏特有の自然を体験できるトロムソに、ノルウェーでは最初の「りんごの図書館」が二〇〇七年にできた。

「りんごの図書館」は、もともとスウェーデンのヘルノーサンド図書館（Härnösdnds bibliotek）がはじめた活動である。ヘルノーサンド図書館は、一九九二年一一月にロンドンの「障碍をもつ子どもたちのための国立図書館（National Library for the Handicapped Child）」の活動を参考にして「りんごの図書館」（Äppelbiblioteke・スウェーデン語）を開設したのだが、その際、コンピュータ会社のアップル社から資金面での援助を受けていたことから、「りんご」のマークが読むことに困難がある人のための図書コーナーの象徴となった(2)。

「りんごの図書館」では、言語障碍者がコミュニケーションをするための視覚言語であるブリス（Bliss）記号で記述された図書や、触る本、点字図書、手話を収録したビデオやCDを提供しているほか、絵本をはじめとした絵や文章が分かりやすく書かれた本や障碍者の読書を支援する資料などを貸し出している。

それ以外にも、「りんごのケース（Eplekofferter）」というサービスが行われている。「りんごのケース」とは、複数の異なった資料が入った小さなスーツケースのことである。二〇一三年現在、全部で六タイトルの「りんごのケース」が提供されている。そのうち三タイトルは、色、時間、数に関する学習を助けるもので、

(2)　小林ソーデルマン淳子・吉田右子・和気尚美『読書を支えるスウェーデンの公共図書館：文化・情報へのアクセスを保障する空間』新評論、二〇一一年、一六八～一七〇ページ参照。Karin Westerlund.“Apple library for the handicapped child”. http://www.ylb.se/tillganglighet/applelibrary.pdf

りんごのケース

ケースにはさまざまな読書支援資料が入っている

残りの三タイトルはノルウェーで人気キャラクターとなっている「モリー（Molly）」、「アルベルト・オーベルグ（Albert Åberg）」、「ルッデ（Ludde）」のものである。[3]

ケースの中にはタイトルに関するゲームやパズル、テレビゲーム、映画のＤＶＤなどが入っている。この「りんごのケース」の主な目的は、一つの作品を「読む」という行為のみでなく、聞き、触れ、見るという多様な行為を通して楽しむ機会を子どもたちに提供することにある。言い換えれば、一つの作品に対して、アクセス可能な複数の入り口を用意しているということである。「りんごのケース」のおかげで、読むことに困難を抱えている子どもも、読むという行為以外の入り口から作品について理解を深めることが可能となっている。

トロムソ図書館における「りんごの図書館」は、二〇〇七年から二〇〇九年までの二年間という期間限定のプロジェクトであったため、二〇一三年現在、この活動はプロジェクトという形態では行われていない。しかしながら、プロジェクト期間中に得たノウハウをほかの公共図書館に伝えるために、トロムソ図書館はウェブ上に「りんごの図書館」の運営マニュアルを公開している。[4] このマニュアルには、「りんごの図書館」を館内のどのあたりに設置し、どんなサインを掲示すべきか、資料をどのように分類したらよいかなど、経験に基づく実務的な提案が記載されている。

## 北欧の国境を越えた連携

読むことに困難のある北欧の人びとは、自国のみならず、他の北欧諸国の視覚障碍者図書館が所蔵している資料を利用することが可能となっている。ノルウェー視覚障碍者図書館、フィンランドのセリア（Celia）視覚障碍者図書館、デンマークのノータ（Nota）図書館（Nationalbibliotek for mennesker med læsevanskeligheder）、アイスランドのベーベーイー（Blindrabókasafn Íslands：ＢＢＩ）の四か国の図書館は協定を結んでおり、連携関係にある。つまり、これらの図書館のいずれか一館で利用者登録をしていれば、他の三館の資料も自由に利用することができるということである。また、スウェーデンのスウェーデン国立録音点字図書館（Talboks- och punktskriftsbiblioteket：ＴＰＢ）の資料についても、自国の視覚障碍者図書館を通して利用することが可能となっている。

（3）アルベルト・オーベルグは、日本では「アルフォンス」の名で知られる北欧でもっとも人気のある絵本のキャラクター。モリーはノルウェー放送協会の子ども番組に登場するキャラクターだが、もともとはニュージーランドで制作されたテレビのキャラクター。ルッデはスウェーデン生まれのキャラクターで、やはりノルウェー放送協会の子ども番組に登場し人気を集めている。

（4）トロムソ市立図書館ホームページ「りんごの棚の設置を希望する図書館への支援」http://www.tromso.kommune.no/om-eplebiblioteket.259171.no.html。

これにより、北欧に暮らす利用者は、音声資料や電子書籍を含む一六万点もの資料にアクセスすることが可能となっている。このような北欧の国境を越えた協力協定は、二〇〇九年にオスロで結ばれている。二〇〇七年から、北欧に存在する視覚障碍者図書館の館長は年に一度会合を開いていたのだが、二〇〇九年の定例会合の場で協定締結に至ったわけである。

会合は、毎年違った場所で異なったテーマについて話し合われている。場所は参加国のもち回りとなっており、開催国の障碍者図書館が指揮を執ることになっている。たとえば、二〇一〇年にスウェーデンで開催された会合では、「触る絵本」が主要なテーマとなり、二日間にわたって館長などによる話し合いが行われた。

また、館長たちは各国の活動の成果や新たなプロジェクトの構想についても報告しあっており、会合で得られた他国の新たな発想は、会合の終了後、館長を通して各国の職員たちに報告され、各図書館でのサービスの改善につなげられている。

# 2　移民・難民へのサービス

## ノルウェーの移民政策と公共図書館

二〇一二年三月の統計によると、ノルウェーの総人口は五〇〇万人を超えた。そのうち移民の数は約六六万人に上り、全体の一三・一パーセントを占めている。ちなみにノルウェーでは、移民は「両親ともに外国で生まれた者」、つまり移民二世までと定義されているが[5]、実際には三世や四世もノルウェー社会に存在しているので、ひとたび街に出るとその割合はさらに大きなものに感じられる。

ノルウェーに滞在する移民を出身国別に見ると、ポーランド、スウェーデン、ドイツ、リトアニアからの移民が多数派を占めている[6]。ここでは、とくに北欧以外の一世移民と、そのような人びとを両親にもつ二世移民に焦点を当てて述べていきたい。

---

（5）岩崎昌子「ノルウェーの移民に対する言語政策の転換——「脱商品化」と矛盾しない移民の統合」『国際広報メディア・観光ジャーナル』No.6, p.92。

（6）"Immigration and immigrants". Statistics Norway. http://www.ssb.no/english/subjects/00/00/10/innvandring_en/

ノルウェーが外国人労働者を大量に受け入れはじめたのは、ほかの西欧諸国よりやや遅い一九六〇年代であった。さまざまな国の移民を受け入れはじめるようになると、その人たちの情報ニーズに応じた図書館サービスを提供する必要が当然のように生まれた。まずは一九七〇年代初頭に、オスロのダイクマン図書館がウルドゥー語[7]、アラビア語、トルコ語の資料を収集しはじめている。

その後、単純労働のための移民の受け入れが一九七〇年代半ばに停止されたが、一九七五年、ダイクマン図書館は文化省（Kulturdepartementet）により多言語資料を取り扱う国の責任機関に指定され、その資料購入のための特別予算が割り当てられた。これにより、移民の需要にあった体系的かつ網羅的な多言語資料が収集されるようになった。

さらに一九八三年には、「ダイクマン図書館・移民資料部」が創設されている。一九九六年には「多言語図書館（Det flerspråklige bibliotek）」と名称が変わり、ダイクマン図書館から独立した国立図書館の一つとして機能しはじめた。多言語図書館が提供しているサービス内容を以下で見ていくことにする。

## 多言語図書館——移民の図書館利用

若い世代がどれくらいの時間を文化活動に割いているのかを研究しているオッド・フランク・

ヴォーゲ（Odd Frank Vaage）を中心にして、二〇〇九年に行われた移民の文化やメディアとの接触に関する調査によると、ヨーロッパ以外を出身国とする移民は、ヨーロッパ出身の人びとと比べると図書館の利用頻度が高いことが分かる。このことは、年齢、性別、収入、教育経験とはまったく関係なく当てはまる。

ノルウェーでは、概して男性より女性のほうが図書館の利用頻度が高いのだが、五大都市における移民の図書館利用を見ると、女性より男性のほうが利用頻度が高くなっており、ノルウェー人とは異なった利用者構成が示された。

移民の人たちが図書館を利用する目的は、ノルウェー社会へ溶け込むため、そして出身国との継続的な接触のためという二つに大別することができる。前者のための利用としては、図書館がもつ情報資源の利用や集会活動への参加を通じての学習や訓練といったものが挙げられる。もちろん、社会参加やノルウェー文化を

イスラム系移民は図書館の常連利用者

図書館には生活に役立つ各種パンフレットがまとめて置いてある

（7）　パキスタンの国語で、インドの公用語の一つ。

受容するための場ともなっている。一方、後者の利用目的としては、出身国からのニュースを得る情報センターとしてや、友人や知人と集うための場として使われる場合が多い。

これらの事情をふまえて多言語図書館ができたわけだが、ここでは、言語的マイノリティを主なサービス対象として四五の言語で資料が提供されている。多言語図書館の主な機能は、移民や難民を対象とした多文化サービスに関する専門機関かつガイダンスセンターとして存在すること、多数の言語で資料を購入して目録を作成すること、そして移民や難民を対象とした資料の相互貸借機関としての役割、の三点である。この図書館が活動の対象としているグループは、大きく次の三つに分けることができる。

❶公共図書館や学校図書館、病院図書館や刑務所図書館など。
❷学校や保育園の教員。
❸マイノリティ言語の話者や言語学習者など。

多言語図書館のコレクションは、二〇一三年現在、四五の言語で構成されているのだが、コレクションを形成する際、特別に配慮していることがいくつかある。まず、日々変化し続けるノルウェー滞在移民の構成に応じてコレクションも変化させていくということである。そして、ノルウェー政府の移民・難民受け入れ状況などの統計資料を定期的に確認し、資料の構成と照らしあわせて検討している。

　また、複数の版が出版されている資料については注意深くあたる必要がある。検閲の厳しかった地域の資料は増版されるごとに内容の削除、改変が繰り返されているが、版の古い資料がもっとも内容が豊富なことがあるからである。それ以外にも、ソマリ語のように公用語としての表記法などが標準化されてからあまり時間が経っていない言語は、出版物の全体量が少ないので入手が難しくなっている。とくに児童書の収集が困難なため、さまざまな方法で入手ルートを探ることが重要となっている。

　収集した多言語資料は目録の作成が必要になる。多言語図書館では二五言語の「言語カウンセラー」と呼ばれる目録作成専門のスタッフを非常勤職員として雇用しており、彼らが中心になって目録を作成している。

　多言語図書館の活動の一つとして「バザール（Bazar）」の運営が挙げられる。バザールとは、多言語図書館が提供しているウェブサービスの名称である。世界各国二八〇〇を超えるウェブページにリンクが貼られており、大別すると三種類の情報が扱われている。

　一つはノルウェー社会や文化、ノルウェー語学習、移民支援機関など、移住先のノルウェーに関する情報で、二つ目は、五〇か国のオンライン新聞など、移民それぞれの出身国に接触するための情報である。そして三つ目は、移住先ノルウェー社会と出身社会の両者に関する事柄を扱う公共図書館サービスに関する情報である。

バザールで使用できる言語は、ノルウェー語、英語、フランス語、スペイン語、ロシア語、アラビア語、ウルドゥー語、ペルシャ語、トルコ語、クルド語、アルバニア語、ベトナム語、ボスニア語、ソマリ語の一四言語で、ノルウェーに滞在する移民の出身社会の構成にあわせ、とくに構成比が多い言語が選ばれている。

バザールの存在を広く移民に伝えるために、簡単な紹介とURLを載せた紙広告も多言語で作成されており、ノルウェー各地の公共図書館に設置されている。さらに多言語図書館は、出版事業にもかかわっていたことがあり、イギリスの出版社「マントラ・リンガ（Mantra Lingua）」が発行する本のノルウェー語への翻訳と、出版に関する独占的な権利を有していた。

多言語図書館は、もともとマントラ・リンガが出版していた英語とクルド語、ペルシャ語、ソマリ語などのアジア、アフリカ言語との二言語で併記されている子ども向け絵本を蔵書とし

多言語図書館の DVD コレクション

ウルドゥー語とノルウェー語の二カ国語図書『渦巻くヒジャーブ（*Den virvlende hijab*）』

て保有していた。それらの本は移民による利用率が高かったため、多言語図書館はなんとかこれをノルウェー語との二言語併記でつくれないものかと考え、実現に至った。これまでに出版された本の例として『アリババと四〇人の盗賊（*Ali Baba og de førti røverne*）』、『小さな赤いめんどり（*Den lille røde høna og hvetekornene*）』、『がちょうと金の卵（*Gåsa som la gullegg*）』などが挙げられる。

多言語図書館の活動の一つに「多文化図書館ネットワーク（Flerkulturelt bibliotekneṭtverk）」というものがある。このネットワークは、多様な文化的背景をもつ利用者を対象とした図書館サービスのあり方について語り合う図書館員が形成したものである。活動の目的は、各図書館で取り組んでいる多文化サービスの事例を紹介しあい、その知識やアイデアを共有し、図書館における多文化サービスをさらに発展させることにある。主な活動として年二回の定例会議の開催があるが、毎回、事前に設定されたテーマについて約五〇名の参加者が話し合いを行っている。

定例会議で生まれたものの一つとして「アイデアバンク（Idébank）」がある。アイデアバンクは、多様な文化的背景をもった利用者に向けた活動事例をウェブ上に掲載して共有するもので、これまでに行った事例を誰でも好きなときに投稿したり閲覧することができる。

アイデアバンク上には担当者の氏名と連絡先も記されているため、掲載されている事例に関して詳しい情報が知りたい場合には、個人的にコンタクトをとることも可能となっている。これにより、多文化サービスのさらなる改善が行われるだけでなく、担当する図書館員の動機づけともなっている。

### 移民や難民を対象とした「言語カフェ」と「読書サークル」

公共図書館で開かれている言語カフェでは、さまざまな言語の学習機会が無料で提供されている。開講されているのは、ノルウェー語、英語、ドイツ語、フランス語、中国語、アラビア語、ロシア語などだが、公共図書館は場所の提供と開講の告知をするのみで、基本的には学習リーダーが時間や頻度、学習トピックの設定を行っている。

利用者は、公共図書館において無料で振る舞われるお茶やコーヒーを飲みながら、リラックスした雰囲気で語学を学習している。学習リーダーだが、ノルウェー語や英語の場合、定年退職後の高齢者がボランティアで行っていることが多い。

ノルウェー語の言語カフェは主に移民や難民を対象にして開かれているが、その運営形態は、公共図書館が独自に行っているものと、厚生労働団体と公共図書館が協働して実施しているものがある。(8)

このような実施形態の違いのみでなく、実施時間やレベルも図書館によって異なるため、参加希望者は場所や時間、内容を検討し、自分のライフスタイルや嗜好にあった言語カフェを選択することができる。なかには、男性と同じ空間では自由な会話がしにくいと感じる移民女性もいるため、子どもが家にいない午前中の時間に女性のみで集うことのできる言語カフェも提供されている。また、政府が無償で提供しているノルウェー語学習プログラムを修了したあとの移民にもしばしば利用されている。

当然のことながら、プログラムが修了したからといってノルウェー語が流暢に操れるわけではない。多くの移民が、プログラム修了後も継続的にノルウェー語を学ぶ機会を得たいと考えている。また、ネイティブのノルウェー人を前にするとノルウェー語での会話に緊張してしまうが、同じ移民同士での会話なら失敗を恐れずにノルウェー語で話すことができる人もいる。そのような人びとが定期的に公共図書館の言語カフェで集い、ノルウェー語の習得を目指しているのだ。日常、ノルウェー人との交流が少ない移民や難民にとっては、ノルウェー人との貴重なコミュニケーションの機会にもなっている。

（8）（Norwegidn Lahour and Welfare Orgdnization：ＮＡＶ）より多くの人が就職機会を得られるように支援する団体で、ノルウェー国内のすべての自治体に事務所が存在している。ＮＡＶは、市民の労働市場へのアクセスを促す目的で二六歳以上の成人に対してさまざまな教育機会を提供しており、言語カフェもその一つである。

オスロのフールセット図書館（Furuset bibliotek）とストブネル図書館（Stovner bibliotek）では、移民を対象にした「読書サークル」が催された。この活動の目的は、ノルウェー語に不慣れな移民に、読書と話し言葉を通してノルウェー語を習得してもらうことにある。バルブロ・トールヴァルセン（Barbro Thorvaldsen）氏が読書サークルのリーダーとなり、同氏が執筆した『読書の喜び1、2、3（*Leseglede 1, 2, 3*）』を用いて実施された。

ソーヴァルセン氏は、第二言語としてノルウェー語を学ぶ移民に対して長年の語学指導の経験をもつとともに、図書館員としての勤務経験もある人物で、現在は移民へのノルウェー語教授法や、サジェストペディア[9]を用いた語学教授法についてノルウェー各地で講習を行っている。

二〇一〇年秋には、フールセット図書館において

言語カフェで使用されている本

読書サークルで使われている『読書の喜び』

八つの読書サークルが催されている。活動時間は一回二時間で、二週間に一回のペースで行われた。参加者のもつ背景はさまざまで、年齢層は二〇代から五〇代までと幅があり、出身国も一二か国と多様であった。もちろん、教育レベルにも大きな幅があり、まったく教育を受けてこなかった人から高等学校を卒業した人までがいた。ノルウェー語に対する理解にも大きな開きがあったため、サークルはノルウェー語の能力に応じて参加者を小グループに分けて開催された。

一方、ストブネル図書館でも二〇一一年に七つの読書サークルを開催している。参加者の年齢は六歳から三〇歳までと、フールセット図書館とは若干年齢層が異なっていたが、基本的な運営の仕方は同じ方法がとられていた。

ここの読書サークルの活動は、グループごとに近況などを互いに共有しあうアイスブレイク（ワークショップの導入に用いて、参加者の緊張感を和らげる）からはじまっている。そして、楽しく友好的な雰囲気ができたところで『読書の喜び』に収録されている話題に入っていく。まずは、読書サークルのリーダー（しばしば図書館員が担当する）がタイトルを読み上げ、そ

---

（9）（Suggestopedia）「サジェストペディア」とは、「サジェスチョン」と「ペダゴジー（教育学）」による合成語で、一九六〇年代から一九九〇年代にかけてブルガリアで開発された学習理論および教授法である。この教授法では、とくにリラックスできる空間の構築、芸術的要素（音楽や絵画、演劇）の導入、教師と学習者の開かれた関係の構築に重点が置かれている。コミュニケーションにおけるサジェスチョン（暗示）の働きの研究過程で開発された。

こからどんな内容が推測できるのかを参加者に問いかける。それから、リーダーを中心に参加者全員で繰り返し音読をするが、必要に応じて、話の途中で内容や言葉の意味についてグループごとに話し合う時間も設けられている。時間が許す場合には、物語の登場人物の役を参加者に割り振り、ロールプレイングも行っている。そして、毎回最後にフィードバックの時間が設けられている。参加者それぞれが読んだ話から何を感じたのかを全員の前で発表するのだが、知っているノルウェー語の語彙とボディランゲージを用いて思い思いの感想を述べて終了する。

この読書サークルでは全員参加型が採用されており、声に出すことが重要視されている。声に出すことでノルウェー語を話すことへの恐怖心を減らし、ノルウェー語の語彙の定着や発音矯正につなげるという目的がある。

この読書サークルは好評を得たため、二〇一二年にはストブネル図書館と近隣の公立学校とが協働して読書サークルを公立学校内で開催した。活動の対象は、多様な文化的背景をもつ生徒の保護者である。開催場所となった学校には、多様な文化的背景をもっている地区に暮らしている八〇〇名もの生徒が通っているが、この人数は全生徒の九割にも当たるものである。生徒のみならず保護者のノルウェー語力の強化が叫ばれたこともあって、ストブネル図書館の移民を対象にした読書サークルの手法を取り入れることになったわけである。このように、読書サークルは図書館内のプログラムにとどまらない新たな形態も取り入れながら継続されている。

## 3　サーメ文化と図書館

サーメは、ノルウェー、フィンランド、スウェーデンの北欧三か国と、ロシアのコーラ半島にまたがって居住する少数民族（先住民族）であり、その総数は七万人とも一〇万人と言われている。ノルウェーには約四万から五万人、ロシアに約二〇〇〇人、フィンランドに約七五〇〇人、そしてスウェーデンに二万人前後いるとされている[10]。

ここでは、世界でもっともサーメ人を有する国ノルウェーがサーメ人に対してどのような図書館サービスを提供しているのかについて、とくにサーメ特別図書館（Sámi sierrabibliotehka）の役割とアルタ図書館（Alta bibliotek）の取り組みに焦点をあてて見ていくことにする。

### サーメ文学を取り巻く出版事情

サーメ人は、サーメ語という独自の言語をもっている。サーメ語で記述されている資料は採算

---

(10)　山川亜古「先住民サーミの人びと――暮らしと言語的状況・文化継承」、『スウェーデンを知るための60章』村井誠人編、明石書店、二〇〇九年、六二ページ。

をとることが困難なため、政府からの財政支援がなければ出版することが不可能で、それゆえ出版点数も非常に少ない。また、サーメ文化は長く口述によって継承されてきたという歴史的な背景があるため文章での記録がほとんどないという状態である。ちなみに、最初のサーメ語（北サーメ語）の図書がサーメ人によって著されたのは一九一〇年のことであり、サーメ語によるフィクションが最初に出版されたのはその二年後の一九一二年だった。

現在では、サーメ語を文字に書き表すことは決して特別なことではない。サーメ人が多数派を占めるノルウェー最北端に位置するフィンマルク・フィルケでは、公立学校の必修科目にサーメ語が指定されている。

サーメ語と一口に言っても、南サーメ方言、ウーメ方言、ピーテ方言、ルレ方言、北サーメ方言、スコルト方言、イナリ方言、キルディン方言、テル方言の九つに分類される。それぞれの方言の差は大きく、方言を独立した言語と見なして「サーメ諸語」としばしば呼ばれている。幸いなのは、日常的にサーメ語を使用している人のうち九〇パーセント以上が北サーメ方言を使用していることだ。ノルウェー北部のトロムス・フィルケとフィンマルク・フィルケに集中してすんでいるサーメ人も、この北サーメ方言を日常的に使っている。

## サーメ特別図書館

一九五〇年ごろのノルウェーでは、公共図書館の職員がサーメ語の資料を理解することは難しかった。そもそも、サーメ語やサーメ文化に関心のある職員が存在していなかった。そのため、サーメ語やサーメ文化に関する資料を扱う専門の図書館が必要となり、一九五四年にサーメ特別図書館が設立された。

一九六〇年代から一九八〇年代の間、ノルウェー政府は次第にサーメ人の人権保障とサーメ文化の保護に関心を向けるようになり、サーメ人のノルウェー社会における地位は著しく改善された。またそれに伴い、それまではサーメ文化の継承などに関心のある人びとからの寄付を主な運営費としていたサーメ特別図書館は、一九八三年からノルウェー政府が全額出資するようになり、文化教育機関としても位置づけられるようになった。さらに二〇〇〇年には、サーメ議会(Sametinget)の議会図書館としての役割も加わっている。

サーメ特別図書館の主な任務は、サーメ語で記述されている資料やサーメ文化に関する文献の収集、分類・目録作成、そして提供や保存を行うとともに、議会図書館としてサーメ議会の運営陣や議員に対して必要な情報も提供している。

サーメ特別図書館は、国の文化施設としてノルウェーにおけるサーメ文化に関するすべての図書館サービスの責任を担っている。つまり、サーメ特別図書館の一部は、サーメ語とサーメ文化に関しては「図書館の図書館」として機能しているということである。

また、サーメ特別図書館は、公共図書館の図書館員に対する講習会も実施している。過去には、サーメ人が多く暮らしている三地域を巡回し、サーメ文化や歴史の紹介、代表的なサーメ文学の案内、サーメ関連の文献の入手法などについて講習を行ったことがある。このような講習会の結果として、サーメ特別図書館に対するレファレンスの件数が増加しているほか、その他のサーメ関連施設への問い合わせの件数も多くなったという[11]。

サーメ特別図書館は、移動図書館活動も行っている。前述の通り、サーメ人が多く暮らす地域はロシア、フィンランド、スウェーデン、そしてノルウェーの四か国にまたがっているが、サーメ特別図書館はすべてのサーメ人に資料を届けることを目指しており、スウェーデンとの国境周辺やフィンランドとの国境周辺までブックモー

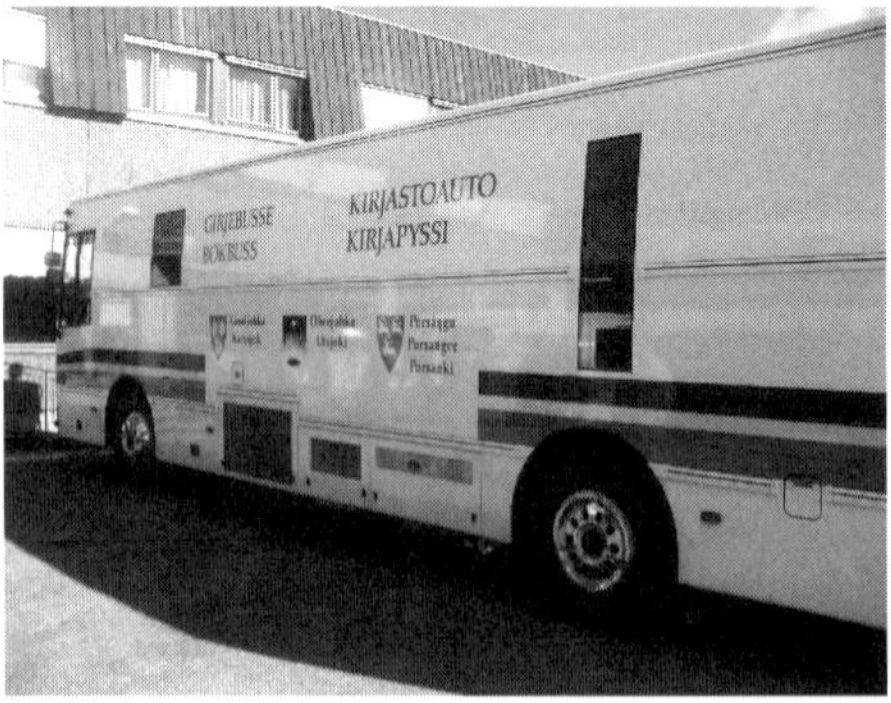


**サーメ人のためのブックモービル**
出典：ポルシャンゲル・コミューンのウェブサイト

ビルを走らせ、辺境地に暮らすサーメ人に資料を届けるという活動を行っている。(12)

## サーメ文化の拠点アルタ図書館

人口一万人を超える都市のなかで世界最北に位置する街、それがアルタであるが、ここにアルタ図書館が存在している。アルタにはサーメ人が多く生活しているため、サーメの文化を理解することを目的としたプログラムを図書館は多数提供している。とくに盛大なイベントが、毎年二月六日に行われている「アルタ・サーメ・フェスティバル」である。サーメ議会がノルウェーに初めて設立されたのは一九一七年二月六日である。そのためこの日は、「サーメの日（Same-folkets dag)」として国家的な記念日になっている。

毎年二月六日の前後一週間、アルタの町をあげて「アルタ・サーメ・フェスティバル」が催されている。二〇一二年のサーメ・フェスティバルの様子を、アルタ図書館館長のスティーネ・イーレン・バッロヴァッレ（Stine Iren Ballovarre）さんがメールで次のように伝えてくれた。

---

（11） Lindi, Liv Inger. Sámi library services in Norway. World Libraries. 2002, vol.12, no.1. http://www.worlib.org/vol12no1/lindi_v12n1.shtml#development

（12） "The Sámi: One people in Four Countries". Resource Centre for the Rights of Indigenous Peoples. http://www.galdu.org/govat/doc/eng_all_fact_sheets.pdf

フェスティバル当日、図書館には作家・ミュージシャン・出版関係者をゲストとして招き、地元の住民と学校の生徒たちが招待されました。作家でアーティストのカレン・アンネ・ブルヨ（Karen Anne Buljo）氏がこれまでに手がけた児童書は、サーメの人びとの神話的な世界を描いたストーリーです。二月九日には地元小学校の二クラスの生徒を招き、ブルヨ氏に『人魚（*Áfruvvá*）』ほかいくつかのお話を読んでもらいました。そして翌日には、保育園の子どもたちにも同じお話を語ってもらいました。

ラウドゥナ・カリタ・アイラ（Rawdna Carita Eira）氏は、『走れ　クロミミ走れ（*Ruohta muzetbeallji ruohta*）』という詩集で北欧理事会文学賞を受賞した詩人です。二月一〇日に地元の中学校の生徒を招き、彼女は自作の詩を読んだあと、作家になることについて生徒たちに語ってくれました。

図書館では、ジャズ・ベーシストのスタイナル・ラクネス（Steinar Raknes）氏とヨイク（yoik）[13]歌手のインガ・ユーソ（Inga Juuso）氏によるユニット「スカイディ（Skáidi）」がミニコンサートを開いてくれました。ジャズとヨイクというそれぞれ伝統のある二つの音楽が、新しい音楽の世界を生み出していました。

もちろん、こうした催しにあわせて、図書館で所蔵しているサーメ文化にかかわる図書の展示も行いました。

サーメ・フェスティバルでの読み聞かせの様子
写真提供：アルタ図書館

館内にはサーメ語のことわざが描かれている
写真提供：アルタ図書館

サーメの日のような特別な日のみでなく、アルタ図書館は日常的にもサーメ文化について理解を深める活動を実施しており、とくに子どもを対象としたお話し会では、しばしばサーメに関する図書が紹介されている。そのなかでも、エリザベス・ヨハンセン（Elisabeth Johansen）が著した『サーメ（*Sápmi*）』という本は、お話し会やブックトークの場で頻繁に用いられている。(14)

この本は、サーメ人の伝統工芸や言語が写真付きで掲載されているほか、過去から現在までのサーメ人の暮らしの変遷が時系列で紹介されているため、ブックトークというかぎられた時間のなかでもサーメ文化を端的に紹介できるものとなっている。

## 今後の課題

今後、サーメ人に関する図書館サービスにおいて求められる課題は、サーメ人を含めたすべてのノルウェー国民が、サーメ言語の資料やサーメ文化に関する情報に公平にアクセスできる環境を提供していくことである。とくに、サーメ人が集中的に居住する地域以外のエリアに暮らしているサーメ人の存在が忘れられがちとなっているため、特別な配慮が必要であろう。

そのほか、特別な配慮が必要なものとして、北サーメ方言以外の方言が挙げられる。本節の冒頭で九つの方言をあわせて「サーメ諸語」と呼ぶと記したが、そのうちのウーメ方言、ピーテ方言については、スウェーデンには若干の話者が見られるものの、ノルウェーではほぼ消滅したとされている。

もっとも話者人口の多い北サーメ方言は、活動的な作家を中心にして文化の明文化という試みが積極的になされているが、その一方で、話者人口の少ない方言については配慮の対象から外されやすい状態となっている。「サーメ語」と一括りにするのではなく、各方言別に資料の収集や保存を検討していく必要があるだろう。

そのためには、サーメ特別図書館やサーメ人が多く暮らす地域の図書館のみが努力するのではなく、サーメ文化の保護と発展の重要性を各自治体の公共図書館に広く伝え、サーメ文化に配慮した図書館サービスをより広い地域で取り組んでいくことが重要となる。サーメ語のニュースは、毎日、テレビでもラジオでも放送されていることを忘れてはならない[15]。

---

(13) サーメの人びとの伝統的音楽で、普通は無伴奏、即興で歌われる。

(14) Wirkola, Monika. "Samisk". Alta Bibliotek -Barn og Unge. 2009-07-29. http://altabibbarn.wordpress.com/category/samisk/, (accessed 2012-03-27).

(15) Lindi, Liv Inger. Sámi library services in Norway. World Libraries. 2002, vol.12, no.1. http://www.worlib.org/vol12no1/lindi_v12n1.shtml#development, (accessed 2012-03-25).

第6章

# ノルウェーの読書事情と出版事情

マグヌスセン矢部直美

書店の内部

# 1 ノルウェーの読書生活

## 高校生が文学賞の審査員に——若者への読書推進

すでに述べたようにノルウェーでは、地域によっては学校図書館が必ずしも十分には整備されていない。そんな学校では、少しでもそれを補うように授業のなかで地域の公共図書館と提携して、積極的に図書の時間を設けたりしている。また、小さなコミューンでは人員と予算の合理化のため、学校図書館と公共図書館を兼ねて運営している所もある。

公共図書館では、季節の行事にあわせた選書、ホームページでの図書紹介、利用者同士が図書を推薦しあうブログの作成、ツイッター（Twitter）、フェイスブック（Facebook）を使った利用者とのコミュニケーションなど、読書振興のためにさまざまな試みを行っているが、直接目に見えるような結果にはつながりにくい。そんななか、若者の読書推進において成果を上げた活動があるので、まずはその活動を紹介していきたい。

国レベルでの読書推進をめざして活動している「本を読もう！（Forening !les）」という団体がある。この団体は、中・高校生の読書意欲促進のためにさまざまな企画を行っている。たとえば、高校生が前年度に出版された文学作品のなかから一冊を選んで、数か月かけて評価する「若い評論家賞（Ungdommens kritikerpris）」というものがある。これは、全国の高校からクラス単位で応募を受け付け、最終的に選抜された九つのクラスが競うというもので、教育研究省、ノルウェー評論家協会（Norsk kritikerlag）が共催しており、毎年、評論家協会賞が発表される前日に「若い評論家賞」が発表されている。フランスの若者による文学賞である「高校生ゴンクール賞」(1)を手本にして企画されたものだが、目的はもちろん、高校生にノルウェーの同時代文学を浸透させて、作品を読む楽しみを知ってもらうことである。

選ばれた九つのクラスにはプロの評論家がやって来て、クラス内の討論の仕方や評価に関して指導を行っている。そして、クラス全員が教師の指導のもとにレポートを作成し、審査過程においては学校図書館や公共図書館がサポートを行っている。賞決定の一週間前には、参加クラスの全代表が集まって受賞作品決定のための協議を行い、発表当日には、受賞作家と対面してその賞を授与するという本格的なものとなっている。

(1)（Le prix Goncourt des lycéens）一九〇三年に創設されたフランスを代表する文学賞で、受賞作はフランス文学のなかでもっとも権威のある作品となる。一九八八年からはじめられた「高校生ゴンクール賞」は、ゴンクール賞を選定するゴンクール・アカデミーによって選ばれたリストをもとに、二〇〇〇人に上る高校生が投票によって一つの作品を選ぶというイベントである。

## イースター休暇には推理小説を読もう

　大人の娯楽小説として人気があるのは、何と言っても推理小説である。ノルウェーやスウェーデンの推理小説は、その多くが英語やドイツ語をはじめとする各国の言語にも翻訳されるほど人気があるとともにレベルも高い。そのなかでも、ジョー・ネスボー(2)は、毎年のようにベストセラー入りする人気の推理作家で、ノルウェー社会の暗部を描くことにかけては定評がある。

　ところで、ノルウェーでは、イースター休暇に推理小説を読むというちょっと変わった習慣がある。休暇が近づくと、「イースターにおすすめする推理小説」という記事が各新聞や雑誌に毎年掲載される。休みを街で過ごす人も、山に行ってスキーを楽しむ人も、この休暇には推理小説を読むことが伝統となっている。各テレビ局も競うようにしてノルウェーをはじめとした海外の探偵物や推理物のドラマなどを連日放映し、その評判がまた新聞記事をにぎわしている。

　何かというと連帯することの多い北欧だが、この習慣だけはノル

Centralbanken for Norge
Filial Lilletorvet

Aftenposten

BERGENSTOGET PLYNDRET INAT!

Striden om det nyopdagede grundstof Hafnium.

ミステリー広告「ベルゲン行きの列車で強盗事件！」という見出しがある
出典：〈アフテンポステン〉（ファクシミリ）

ウェーにかぎった現象である。それは九〇年も前の一九二三年、全国紙〈アフテンポステン〉に掲載された広告がそもそもの発端だった。

その広告には、大きな見出しで「ベルゲン行きの列車で強盗事件！」と書かれていた。実は、見出しのすぐ横には出版社と値段が小さく書かれていたのだが、読者のほとんどがその文字に気付かなかった。現在のように携帯電話もインターネットもない時代のことゆえ、知り合いが電車に乗っていると心配した人たちからの電話が国鉄や新聞社に殺到したという。この広告が大成功を収めて以来、ノルウェーでは「イースターには推理小説を」という伝統ができあがった。

## 電子書籍をめぐる議論

英語版がいち早く登場した電子書籍だが、ノルウェー語版も徐々にではあるが普及しつつある。(3)

---

（2）（Jo Nesbø）一九六〇年オスロ生まれの小説家。ロックバンド「di Derre（ディダレ）」のリードボーカルとしての顔ももつ。二〇〇〇年に出版された『コマドリの賭け（Rødstrupe）』はノルウェー・ブッククラブが授与するノルウェー最優秀推理小説賞を受賞し、日本でも翻訳された（井野上悦子訳、ランダムハウス講談社文庫、二〇〇九年）。

（3）ノルウェーでは、英語を読むことは多くの人にとってそれほど無理がないこともあって、オンライン書店から英語の本を購入し、「Kindle」で読むことはごく普通に行われている。ノルウェー語の電子書籍はノルウェーの出版社が刊行しているが、これは「Kindle」などに対応したものと、ノルウェーでつくられた電子書籍リーダーにのみ対応したものがある。だから、読みたい本ごとに違う閲覧用端末を使わなければならないという場合もある。

通勤電車の中で、アマゾンの「Kindle」やアップルの「iPad」などで電子書籍を読む人も増えてきた。スマートフォンやタブレット型端末を使えば、図書以外にも新聞や映画なども見られるので、急速に利用者が増えている。

しかし、図書館での電子書籍の提供に関しては、まだまだ解決すべき問題がたくさんある。ノルウェー国内での電子書籍の出版は、出版社、作家、書店、そして図書館界の同意がまとまっておらず、二〇一二年八月時点では難航しているというのが実情である。そもそも電子書籍にかかわる交渉に、現行の出版規約（Bokatvalen）をもとに、出版法（Boklov）の制定準備が進められているのだが、まだそれが法律として制定されていないのだ。とくに、電子書籍の契約には「買い取り式」や「貸与式」などの違いがあるうえに、業者によってもそれぞれ契約条件が異なっているため複雑なものとなっている。

一方、大学図書館での電子書籍の提供は英語版を中心に確実に進んできている。ある図書が紙媒体と電子媒体で刊行されている場合は、後者を優先するという方針に切り替えた大学図書館もある。とはいえ、全学問分野が電子書籍でカバーできるというにはまだほど遠い状態である。

オスロ大学図書館でも電子書籍の購入方針を立てており、それに適合するものは購入するようになっている。情報検索や短い記事を読むにはたしかにコンピュータが便利なのだが、じっくり考えながら読むにはやはり印刷されたもののほうがよいという理由で、わざわざ紙の本を借りに来る学生が相変わらず多い。

## 国立図書館のデジタルプロジェクトが始動

国立図書館では、これまでノルウェー国内の出版物の電子化を進めてきたが、二〇一二年八月に著作権管理団体である「コピノール（Kopinor）」との合意契約にサインをした。この契約により、一九〇〇年から二〇〇〇年にかけて国内で出版されたすべての図書約二五万冊のデジタル化が進められ、「Bokhylla.no」という国立図書館が管理するサイトを通して、国内ＩＰアドレスから無料で読めるようになった（一五三～一五四ページ参照）。これまで古い書籍の一部がデジタル化されて、国立図書館館内やノルウェー国内のＩＰアドレスからオンラインで読めるようになっていたが、ダウンロードすることはできなかった。しかし、今回の契約により、著作権切れの資料についてはダウンロードも可能になり、利便性が高くなったと言える。

国立図書館とコピノールとの契約では、利用されたページごとに〇・三三クローネから〇・三六クローネを国立図書館は支払うことになっていて、コピノールはこれを奨学金などとして作家に還元することになっている。また、国立図書館で公開された本であっても、後日、非公開に戻すことも可能という条件が付いている。これは、図書販売に及ぼす経済的な損失が大きいと判断された場合に、作家や出版社の権利を守るためのものである。

これまでも、デジタル化の過程で約五〇〇〇〇点の資料のうち一四〇〇点が公開を中止している。印刷部数のかぎられているノルウェーの出版物は、一度絶版になってしまうと古書でも手に入らないことが多いので、条件付きではあるが、国立図書館によるデジタル化は資料へのアクセスを保障する意味で重要な役割を果たしていると言える。

## ノルウェーでもオンライン書店は人気が高い

オンライン書店の登場が書店に大きな影響を及ぼしているが、これはノルウェーにおいても例外ではない。国内では本の価格が高いので、英語の本であれば、一定の金額以下だと関税もかからないということもあって、国外のオンライン書店で購入する人も多くなった。

しかし、ノルウェー語の本となると国内のリアル書店やオンライン書店で買うケースが圧倒的に多い。昔は、街のあちこちに大小のさまざまな書店があり、個性的な古書店

本がうず高く積まれた書店の様子

もたくさんあったが、残念なことに、現在では小規模な書店はことごとく姿を消し、出版社と提携した全国展開しているチェーン店がほとんどとなった。

ペーパーブックであればキオスク、コンビニエンスストアでも売られているので入手は簡単だが、読書好きの人が好むような本はやはり書店でないと手に入らない。しかし、そこでも店頭にはベストセラーやバーゲン本が山積みになっていて、しかも趣味の本などが多くて幅の広い選書は望めないという状態になっている。そのせいだろう、自分のほしい本がはっきり分かっている人たちの間では、希望する本が見つかる可能性が高く、ほかの読者の評判なども分かるオンライン書店の人気が高まる一方となっている。また、オンライン書店は、本好きな人がかつて入っていたブッククラブ（二五八ページ参照）の役割を果たすようにもなっている。

本の値段が高いノルウェーだが、それをカバーするかのように毎年二月の終わりから三月にかけての二週間、「マンモスセール（Mammutsalg）」と呼ばれる大バーゲンが全国各地の書店で繰り広げられている。初回開催は一八八五年で、長い歴史をもつ本好きな人には見逃せない行事となっている。ところで、ノルウェーでは紙の書籍には消費

その場で値段を調べることができる機械を置いている書店もある

税がかからないのだが、電子書籍はある種のサービスと見なされ消費税二五パーセントがかかる。同じ内容であっても、メディアの違いによって相違があるのだ。

マンモスセールだが、二〇一二年の例だと八〇〇点以上の本が最高で八〇パーセント引きで売りに出されていた。小説、推理小説、コミック、オーディオブックなど人気の高い本だけでなく、児童・若者向けの本、趣味の本、詩、伝記、社会、政治、美術、言語、宗教などと幅広い分野の本が出品された。

このセールで売られているのは古書ではなく新品である。その年にセールで売り出される本のカタログは事前に書店の店頭やネット上で無料配布されるので、予約注文することも可能となっている。

## 2 ノルウェーの出版状況

### 耳で本を読むノルウェーの人びと

二〇一二年二月二八日付の全国紙〈アフテンポステン〉では、子ども向けの電子書籍が爆発的に売れていることが報じられていた。とくに、幼児向けの電子書籍の人気が高く、紙とデジタルで同じ内容のものが出版された場合、電子書籍の売り上げのほうが多いという例も見られると書かれていた。

大手出版社の「イルデンダール社（Gyldendal）」は、二〇一一年の絵本の売り上げについては、電子書籍が紙の本を上回ると予想している。デジタル絵本の人気が高い理由は、携帯端末「iPad」に対応しているため本と同じようにページをめくりながら楽しめることである。そして、作家や俳優の朗読を聞くこともできるなど付加価値があるにもかかわらず、値段が紙の本より安くなっているというのが理由だ。

ところで、ノルウェーでは、昔から耳で物語を聴くという文化が根づいている。ラジオ劇場も伝統的に人気があり、最近はラジオ番組をインターネットで楽しむ人が増えているぐらいだ。だが、製作元のノルウェー放送協会では、予算と人員削減のために新しいコンテンツの製作が困難になり、再放送が多くなっているのが残念である。

音で文学を楽しむという習慣が浸透しているせいか、本をそのまま録音したオーディオブックも人気がある。読書好きな人は、活字を読むだけでなく聴く読書も好むということだ。通勤や通学で長い時間を電車や車の運転で過ごす人が、その合間にオーディオブックを聴いていることが多い。学齢期の子どもが、学校や課外活動の場所に車で移動する最中に親子一緒に楽しんでいるという話も聞く。音を通して読書をした子どもは、おそらく、大きくなったときに同じように車の中でオーディオブックを聴くことになるのだろう。

## 出版助成制度で文化を守る

ノルウェーの人口は五〇〇万人余りであり、英語のような使用者の多い言語に比べると、どんなに売れる本でも購買数がかぎられているため一冊当たりの価格がどうしても高くなってしまう。このような状況は、ノルウェー語にかぎらず使用者の少ない言語の出版においてはすべて同じであろう。

ノルウェー言語の筆記文化、ノルウェー文学、ノルウェー語作家の育成、またこれらの書籍を国民が広く享受できるように、ノルウェー文化評議会はノルウェー文学の買い上げ制度を設けている。

一九六五年に制度がはじまってすでに半世紀近くが経過しているが、ノルウェーの文学作品はこの制度に支えられて多くの読者を得ることができた。二〇一二年の文化評議会の報告によれば、一般文学について二〇〇点一〇〇〇部、児童文学一〇〇点一五五〇部、子ども向けの主題図書二〇点一五五〇部、翻訳図書一〇〇点五〇〇部、ノンフィクション六〇点一〇〇〇部、そして文化関係の雑誌が買い上げ制度の対象となっている。このなかには、少数ではあるが電子書籍も含まれている。これらはすべて、全国の公共図書館や学校図書館を中心として配布される。

こうした国からの「文学作品のプレゼント」は、予算の厳しい図書館にとっても新しいコレクションを増やす重要な制度となっている。文化評議会は、これ以外にも絵本、コミック、ノルウェーの伝統文学、ニーノシュクによる文学に経済的な援助を行っており、これらの出版物の広報や各種の文学祭の支援にも携わっている。

### 出版助成制度をめぐる議論

買い上げ制度は、ノルウェー出版社協会（Den Norsk forleggerforening）やノルウェー作家協会（Den norske forfatterforening）、児童青少年作家協会（Norske barne -og ungdomsbokforfattere）と文化評議会との間で決められた制度であり、出版社協会、作家協会、図書館の代表者が対象となる図書を選択している。端から見ればよいことずくめの制度だが、「買い上げ対象となった図書は、誰にも読まれないまま図書館の書架で埃をかぶっている」と揶揄されることもある。また、助成をするのであれば、図書館に直接経済的な援助をして、各図書館がそれぞれのニーズにあった書籍を購入するべきだという意見もあるし、選考委員の基準は偏っていると批判されるなど議論が絶えない。

とはいえ、ノルウェーでは特定書籍の最低限の売り上げをこの買い上げ制度が補償していることも事実である。つまり、売れ行きがそれほど見込まれない図書であっても刊行することができ、出版社側からすればリスクを減らすことができる。実際、ノルウェーの出版点数は年間約五〇〇〇点で、一般的な初版部数は二〇〇〇部から二万部となっており、日本とそれほど変わらない。人口の割に初版部数が多いのは、この出版助成制度があるからと言ってよい。

これまで、幾度となく制度の修正が行われてきたが廃止に向かうことはなかった。総合的に見れば、この仕組みがノルウェーの文化保護にとって有効な制度だという結論に至っている。また、助成図書の対象分野が広がっていることもこれを証明している。

海外で大量に出版されているベストセラーやその翻訳作品に押されて、ノルウェー語による文学作品を書く作家が育ちにくいという危惧は、文学関係者であれば誰もが抱いていることだろう。また、こうした保護文化政策を長年にわたって取り続けられた理由の一つとして、戦後、労働党や労働党を中心とする政党が長期にわたって政権をとってきたため、社会民主主義の考えが社会の根底にまでしっかりと根付いてきたこととも関係がある。

文学が誰にとっても必要な読書体験であり、知識、アイデンティティ、批判能力をふまえた思考力、そして深く豊かな思慮を育むものであるという共通理解がこの制度の背後にある。そして実際に、ノルウェー文化と知識の保護・育成や読書振興を大きな目標として、多くの分野で高いレベルをもつ著作物を自国の出版物でカバーできるように政策が進められてきた。

ノルウェー国内において書籍の市場競争をコントロールする法律として、市場競争法（Konkurranseloven）に沿って交わされる出版規約がある。この規約は、翻訳書などに押されてノルウェー語の図書が売れにくくならないように出版物を保護・育成している。つまり、出版社が出版物の定価を定め、これを維持することによって、自由競争とは異なる原理によって文化財である図書を市場に供給する方法を定めた規約である。

この規約についても、施行当初より批判と法改正への声が多かった。二〇〇九年の改正では、これまで設定されていた本の定価販売の規制が緩められ、かつてはブッククラブのみに許されていた新刊の割引がある程度できるようになった。

**書籍定価販売制度の維持に揺れるノルウェー**

（マグヌスセン矢部直美）

ノルウェーでは、一九六〇年代以来、書店と出版社間の自主的な合意である「出版規約」により、新刊書の定価販売制度が維持されてきた。ちなみに、現在の出版規約は二〇〇五年に詳細が決められたものである。

隣国のスウェーデンやデンマークの出版界が徐々に自由価格化に移行しているなかで、ノルウェーの出版界は自由市場の観点から見ると非常に保守的だと言われることが多い。しかし、ここに来てノルウェー文化省は、出版規約を法制化する提案を出した[4]。その背景には、こうした業界内の自主的合意制度がEUにおいては認められない場合が多いことによる。

文化省は、出版規約がノルウェー語とサーメ語の出版文化の質の維持、分野の広がり、文学の保護育成、国民への広範な普及などにとって有効と判断し、法制化することで将来にわたって定価販売制度の維持が可能だと考えている。現在、ハードカバーの新刊書の平均価格は三〇〇クローネ（約四二〇〇円）を超えているが、紙の書籍には二五パーセントの消費税が免除されている。

近年、英語のみでなくノルウェー語の電子書籍が市場に普及しつつある。電子書籍が市場に占める割合は二〇一二年末の時点で〇・六パーセント、二〇一一年末の〇・一パーセントから比べると六倍になっている。こうした出版界の新たな動向もふまえ、二〇一三年二月初旬に文化大臣は新たな出版法の法案を公開し、現在、各方面からの諮問が行われている最中である。

6 Kultur
Kultur
Sett noe? Hørt noe? Tips oss! kultur@aftenposten.no

Norge og Danmark skriker etter boklov og faste priser. I Sverige er det priskrig.

# Svenskene lykkelige med sin lovløshet

BOKLOVEN

Boklconsumentene kan finne bøker over alt, også i dagligvarebutikken og på supermarkedet

Derfor er norske bøker så dyre

Bokbransjen i Skandinavia

Norge
Frie priser: Siden 2005
Boklov: Forslag fremlagt
Planer om boklov: Er snarlig ventet

Sverige
Frie priser: Siden 1970
Boklov: Nei
Planer om boklov: Nei

Danmark
Frie priser: Siden 2001
Boklov: Nei
Planer om boklov: Ønsket av bransjen

Total omsetning uten moms

出版法についての新聞記事「スウェーデン人は自らの無法状態に満足」という見出しが掲げられている
出典：〈アフテンポステン〉

新たな法案は、新刊書の定価販売路線を維持することで、出版社と書店の経済的基盤の安定を図り、ベストセラーだけでなくマイナーなジャンルの作品も継続的に出版することで、広く国民に質の高い書籍を提供することを目指している。これは、オンライン書店が成長を続けている現状ではあるが、書店が書籍の流通において果たす役割が大きいという調査結果をふまえての提案となっている。

また、長期的な視点から、紙媒体であれ電子媒体であれ、ノルウェー語とサーメ語で書かれた幅広い領域の出版物を提供しながら人びとの読書意欲をかき立てることも視野に入れており、国の言語と文化政策にも深く根付いているものと言える。

ここで、隣国のスウェーデンとデンマークの状況を見てみよう。三か国のなかで一番早く書籍の自由価格制度が導入されたのはスウェーデンである。すでに一九六五年に公正取引委員会より業界に勧告があり、五年後の一九七〇年から徐々に自由価格化が進められ、一九九

（4）欧州で何らかの法律上で定価制度が定められているのは、ドイツ、スペイン、フランス、ポルトガル、ギリシャ、オーストリア、イタリア、オランダといった国々である。自由価格制度を採用している国は、スウェーデン、フィンランド、デンマーク、イギリス、ベルギー、スイスである。現時点で出版規約があるのは、ノルウェー、スロヴェニアだけである。参考資料：Høringsnotat-Lov om omsetning av bøker（boklov）
http://www.regjeringen.no/pages/38216060/Hoeringsnotat_boklov_01022013.pdf

〇年代に最後の価格規制がはずされた。それ以来、スウェーデンの出版界は自由価格競争となっている。ちなみに、書籍は書店のみでなくスーパーや雑貨店などさまざまな所で購入が可能となっており、消費者にとっては書店に行かなくても買えるという利点がある。

消費税はどうかというと、紙の書籍には六パーセント（電子書籍は二五パーセント）かかっている。ハードカバーの平均価格は一四〇クローネ弱（約二〇〇〇円）、ペーパーバックは三八クローネ（約五五〇円）と、ノルウェーの半分以下でしかない。

スウェーデンの図書館では、電子書籍の貸出回数に応じて出版側に定められた金額を払うという試みを行ったが、図書館にとって負担が大きすぎるため継続不可能となった。紙の書籍は一度購入すればそれきりだが、電子書籍の貸出モデルでは予算を立てることも難しい。しかし、それでも一九七〇年以来自由価格を実施してきたスウェーデンでは、今さら出版保護のための法律をノルウェーのように考えることは現実的ではないとしている。

一方、デンマークでは二〇〇一年から自由価格制度が徐々に導入され、二〇一一年一月、完全に自由価格となった（紙の書籍の消費税は二五パーセント）。それが理由で業界での収益率が低くなり、国内の書店数は約四分の一にまで減ってしまったということである。出版社では人件費の削減が余儀なくされ、採算が取れる範囲で出版できる分野は減少傾向にあり、自由化に賛成だった業界関係者までがこうした傾向を憂慮している。文化大臣や政治家に対して、援助を求めるところまで事態が差し迫っているというのが現状である。

オンライン書店の普及により書籍の価格が下がっているにもかかわらず、両国における書籍の店頭売り上げは下がる傾向にある。書店は書籍以外の商品を扱うことで何とか生き延びているというのが現状であり、書店数は減少しつつある。もちろん、両国の出版業界が経済的な負担を抱えていることは言うまでもない。出版社の合併、書店のチェーン店化・合併などが繰り返されている。

スウェーデンでは、こうした業界縮小の影響を受け、新刊書の出版が二〇〇五年から二〇一一年にかけて二五パーセント減少した。また、翻訳図書も二〇〇七年から二〇一一年の間にほぼ半減しており、自由価格が出版界にマイナスの結果を招いていると分析されている。

ノルウェーの出版法の提案は、こうした隣国の状況もふまえたうえでのことである。両国ともノルウェーより人口が多く、スウェーデン語とデンマーク語の書籍を購入する潜在的人口数はノルウェーを上回っている。人口の少ないノルウェーでは、この二か国よりもさらに保護政策を厚くする必要性がある。今回の出版規約の法制化は、スウェーデンとデンマークの書籍価格自由化による近年の影響を深刻に受け止めたうえで、ノルウェー図書の保護政策を続行することが主たる狙いとなる。この法案の諮問は三月中旬まで続けられる。

参照：〈アフテンポステン〉二〇一三年二月一一日付

## 文学作品の提供を支えてきたブッククラブ

質のよい文学作品を全国どこに住んでいても購入できる制度、それがブッククラブである。一九六一年に、ノルウェー国内の大手出版社四社によって設立された。

ブッククラブは、現在のようにオンライン書店がない時代において、良質の文学を国の隅々まで広めるために重要な役割を担っていた。すべての会員に、文学についての話題が満載となっている機関紙を年に数回送るとともに、伝統的な名作や新しく刊行された文学作品から選ばれた「今月の本」を自動的に郵送で届けるシステムとなっており、たとえ書店のない不便な土地に住んでいても質の高い文学書が定期的に入手できる。もちろん、「今月の本」以外のものも希望に応じて注文が可能である。

現在では、純文学系だけでなく詩のブッククラブ、子ども向けブッククラブ、新刊ブッククラブ、推理小説ブッククラブ、趣味的な本のブッククラブなど対象が広くなった。近年では、時代を反映し、スピリチュアリズム、東洋医療などのテーマを専門とするブッククラブまである。(5)

インターネットの時代に入り、地方に住んでいても本の購入は簡単になった。ブッククラブもウェブ上で事業を展開するようになっているが、ブッククラブのあり方について批判がないわけではない。ブッククラブには必ず大手の出版社がうしろに控えているため、「今月の本」として推薦される図書には出版社が売りたいものが選ばれ、小さな出版社で刊行されている評価の高い本が選ばれていないという指摘もある。

つまり、よい文学を推奨すると謳っているブッククラブが、実は文学作品の売り上げや評価に歪みをもたらしているというのだ。本の高いノルウェーで、少しでも安く本を手に入れたいという人びとの思いによって支えられてきたブッククラブだが、どうやら「よいことづくめ」というわけにはいかないようだ。

## ノルウェーにおける新聞事情

ノルウェーでは人口一人当たりに対する新聞発行点数の割合がとても高く、文字通り「新聞をよく読む国民」と言われてきた。毎朝、一般家庭に配達されている全国紙の種類は多くないが、〈アフテンポステン〉や〈ダックスアヴィセン（Dagsavisen）〉といった一般紙のほか、経済紙の〈ダーゲンスナーリングスリーブ（Dagens Næringsliv）〉や地方新聞の刊行も活発である。

それに加えて、キオスクやスーパーで買える全国規模の、いわゆるタブロイド新聞にあたる日

（５）ブッククラブの登録は無料で、登録すると自動的に「今月の本」が送られてくる。返品も可能だが、決して安くない郵送料を負担しなければならないので、前もって今月の本をチェックしておき、欲しくない場合にはキャンセルをする。会員割引は本によって異なるが、新刊だと一〇パーセントから三〇パーセント、古い図書だと半額以下の場合もある。

刊紙も〈ベーゲー（VG）〉と〈ダーグブラー（Dagblad）〉という二紙が発行されており、毎日これらを購読している人も多い。タブロイド版とはいえ単なるゴシップ新聞ではなく、文化関係の記事に定評があったりとそれぞれ特徴がある。

しかし、新聞業界にもデジタル化の波が大きな影響を及ぼしている。合理化と人員削減は日常茶飯事であり、二〇一二年八月にも最大手の〈アフテンポステン紙〉で二五パーセントもの人員削減が近い将来に行われるという報道があった。度重なる新聞社の買収によって国内の新聞社の数は極端に減り、新聞同士の競争や内容のバランスといった面で支障が出る状況にまでなっている。

もちろん、ジャーナリストの数も減っている。紙の新聞とインターネットの新聞、またインターネット新聞でも有料版と無料版とでは内容に差があるため、今後、新聞をめぐる環境がどのように変化していくのか非常に興味深いところである。

紙の新聞の購読者はやはり高齢者に多いのだが、今後、有料の紙の新聞はトピックを深く掘り下げた記事に重点を置くことになる。一方、インターネット上の有料版を購読していれば過去の記事を読むことも簡単だし、無料版では簡略に扱われている記事の詳細や掲載されていない記事を読むことが可能となっている。言うまでもなく、若い世代は無料のインターネット版で十分だと思って、そもそも新聞を購読をしないという人が多い。読者を確保するために、各新聞社はしのぎを削っているという状況である。

　私自身はやはりアナログの新聞の購読が身体に染み付いているので、朝食をとりながら大きな見出しだけでも拾って、記事の内容をとりあえず把握することが習慣となっている。だが、通勤電車内を見回すと、タブレット型端末やスマートフォンで新聞に目を通している人がほとんどで、ここ二、三年、紙の新聞を電車に持ち込んでいる人の数はめっきり減ったように思う。

## 3　ノルウェーにおける日本文化の受容

　二〇年ぐらい前までは、合気道や柔道、剣道、華道、茶道、仏教といった伝統的な日本文化に興味をもち、それがきっかけで日本に関心をもったり、日本語を学びはじめる人が多かった。しかし現在は、圧倒的にポップカルチャーが日本語と日本文化への入り口になっている。とくに、子どものころから見ていたアニメやゲームなどで、日本に興味をもちはじめるケースが多い。

　アジア全般のポップカルチャーがヨーロッパで人気を集めているなか、ここでは、ノルウェーの図書館にも関係のある日本文学、そしてマンガとアニメ事情についてお話することにしたい。

## コラム4　文学の家（Litteraturhuset）

ノルウェーでは、「文学の家」と呼ばれる文化施設が、近年、各地に設立されるようになった。ここでは、文学に限らずディベートや文化活動、政治討論会なども催されており、時にはその様子がテレビ中継もされている。オスロの「文学の家」は、王宮の裏近くの大勢の人が行き交う街中にあって、本文で述べたように、作家の村上春樹氏をはじめとして詩人の伊藤比呂美氏もここで講演を行っている。

１階には品揃えに定評がある書店、カフェ、レストランとバーがあり、建物の中には六つのイベントスペースがある。書店に隣接した「カフェ・オスロ」は文学愛好者が気軽に立ち寄れるスポットとなっており、お茶やお酒、食事を楽しみながら雑誌や新聞が読めるほか読書イベントが定期的に開かれている。

書店に並ぶ村上作品

## 発売後一二分間で売り切れた講演会のチケット

日本文学については、一九九〇年代ぐらいまでは、川端康成、三島由紀夫、そして大江健三郎がよく知られている作家のスタンダートだった。これらの作家の作品のいくつかは、もちろんノルウェー語に翻訳されている。また、俳句も詩の一種として興味をもつ人が多く、一九六〇年代には俳句の形式を用いたノルウェー語の作品も出版されている。

しかし現在、多くの国がそうであるように、日本文学と言えば村上春樹（一九四九〜）の作品が飛び抜けて人気が高い。ノルウェーの文学作家のなかにも村上ファンがいるぐらいである。二〇一〇年の夏、オスロで開催された文学フェスティバルに村上氏が招かれた。王宮公園のすぐ横にある「文学の家」（**コラム４参照**）で講演が行われたが、インターネット上で売りに出された二〇〇枚のチケットがたった一二分で完売となったということで大きな話題となった。

オスロにある書店の棚には必ず村上作品が並んでいるし、ファンはオスロにとどまらずノルウェー中に広く存在している。二〇一一年の夏、『ＩＱ８４』の「ブック１」と「ブック２」が合冊になったペーパーバックが刊行された。同僚の司書と日本文学の話になると、必ずと言ってよいほど村上作品の話題になり、「早くブック３が読みたい」とみんな口を揃えて言う。どうやら村上文学は、今まで日本文学に興味のなかった人までに、日本の作家に目を向けさせるきっかけになったようだ。

表　1990年代以降、ノルウェー語に翻訳された主な日本文学

| 年 | タイトル |
| --- | --- |
| 1990 | 戸川昌子『猟人日記』、三島由紀夫『仮面の告白』 |
| 1992 | 遠藤周作『沈黙』 |
| 1993 | 村上春樹『羊をめぐる冒険』、三浦綾子『道ありき』 |
| 1994 | 大江健三郎『個人的な体験』、村上春樹『ダンス・ダンス・ダンス』、遠藤周作『最後の殉教者』 |
| 1995 | 大江健三郎『M/T と森のフシギの物語』 |
| 1996 | よしもとばなな『キッチン』、同『ムーンライト・シャドウ』、大江健三郎『万延元年のフットボール』 |
| 1998 | 遠藤周作『深い河』、大江健三郎『飼育』、同『われらの狂気を生き延びる道を教えよ』、同『セヴンティーン』 |
| 1999 | 村上春樹『ねじまき鳥クロニクル』 |
| 2000 | 村上春樹『国境の南、太陽の西』、同『ノルウェーの森』 |
| 2002 | 村上春樹『神の子どもたちはみな踊る』、三島由紀夫『春の雪』 |
| 2003 | やのしげこ『みえないけどみえるの』、村上春樹『羊をめぐる冒険』 |
| 2004 | 夏目漱石『こころ』 |
| 2005 | 三島由紀夫『近代能楽集』、村上春樹『世界の終りとハードボイルド・ワンダーランド』、同『海辺のカフカ』 |
| 2006 | 江國香織『きらきらひかる』、金原ひとみ『蛇にピアス』、高見広春『バトル・ロワイアル』、桐野夏生『OUT』 |
| 2007 | 村上春樹『アフターダーク』、多和田葉子『あなたのいるところだけ何もない』 |
| 2009 | 宮沢賢治『銀河鉄道の夜』、同『よだかの星』、同『セロ弾きのゴーシュ』、同『土神と狐』、同『どんぐりと山猫』、中川ひろたか『かいくんのおさんぽ』 |
| 2010 | 村上春樹『めくらやなぎと眠る女』『走ることについて語るときに僕の語ること』、『スプートニクの恋人』・小林多喜二『蟹工船』・多和田葉子『魔除け』・多和田葉子『ごうもん』 |
| 2011 | 村上春樹『1Q84』 |

かつては英語からの重訳が多かった日本文学だが、近年は日本語から直接翻訳するノルウェー人の優秀な翻訳家が出てきた。よしもとばなな(6)、江國香織(7)、金原ひとみ(8)といった、日本の若い女性にも人気のある作品もノルウェー語に翻訳されているほか、ドイツ語と日本語で作品を発表しているドイツ在住の多和田葉子(9)の作品や谷川俊太郎(10)の作品もノルウェー語に翻訳されている。

(6)　一九六四年生まれの小説家。『キッチン』（福武書店、一九八八年）は第六回海燕新人文学賞、第一六回泉鏡花文学賞受賞。代表作は、『TUGUMI』（中央公論社、一九八九年）、『白河夜船』（福武書店、一九八九年）、『王国1〜3』（新潮社、二〇〇二〜二〇〇五年）など。作品は三〇数か国で翻訳されている。

(7)　一九六四年生まれの小説家、児童文学作家、翻訳家。『号泣する準備はできていた』（新潮社、二〇〇三年）で第一三〇回直木賞受賞。代表作に、『きらきらひかる』（新潮社、一九九一年）、『泳ぐのに、安全でも適切でもありません』（ホーム社、二〇〇二年）がある。

(8)　一九八三年生まれの小説家。『蛇にピアス』で第一三〇回芥川賞受賞。代表作に『アッシュベイビー』（集英社、二〇〇四）、『マザーズ』（新潮社、二〇一一年）がある。

(9)　一九六〇年生まれの小説家、詩人。『犬婿入り』（講談社、一九九三年）で第一〇八回芥川賞を受賞。代表作に、『球形時間』（新潮社、二〇〇二年）、『容疑者の夜行列車』（青土社、二〇〇二年）があるほか、ドイツ語でも作品を発表している。

(10)　一九三一年生まれの詩人、翻訳家、絵本作家。代表作として『二十億光年の孤独』（創元社、一九五二年）、『ことばあそびうた』（瀬川康男・絵、福音館書店、一九七三年）があるほか、翻訳書として『マザー・グースのうた』第一〜五集（堀内誠一・画、草思社、一九七五〜一九七六年）がある。

ノルウェー国内には年間五〇以上の文学祭が開かれているが、二〇〇六年、トロムソ国際文学祭（Tromsø internasjonale litteraturfestival）に多和田葉子氏が招かれている。また、文学祭のうちのいくつかは詩を専門に扱うものとなっている。二〇一二年一〇月の「オスロ国際ポエジーフェスティヴァル（Oslo internasjonale poesifestival）」は、優れた女性の詩人を中心に催されたのだが、その会場に伊藤比呂美氏[11]が招待されていた。多和田氏や伊藤氏に関しては、日本人という枠を越え、異文化の地で生活する人間の文学作品として注目されていると言える。

### オスロにミニ秋葉原が出現？

ヨーロッパのすべての地域に共通していることであるが、マンガ・アニメなどのポップカルチャ

日本のお菓子からコスプレ衣装まで揃ったネオ・ジャパンの店内

ーの人気はノルウェーでもかなり高いと言ってよい。二〇〇六年、オスロ繁華街の一等地に「Neo Tokyo」という店が開店した。ポップカルチャーブームを先取りした日本文化の発信地で、「クールジャパン」と呼ばれ、ノルウェーの若者に絶大な人気を誇っているポップカルチャーグッズを集めた店である。

店内は、秋葉原のポップカルチャーがそのまま再現されている。店の外にはカプセル玩具（ガチャガチャ）があり、お菓子からフィギュア、コスプレ用の衣装までなんでも揃っている。

「現在、流行の中心はマンガやアニメからJポッ

(11)　一九五五年生まれの詩人、小説家、エッセイスト、翻訳家。代表作に『伊藤比呂美詩集』（思潮社、一九八〇年）、『家族アート』（岩波書店、一九九二年）、『ラニーニャ』（新潮社、一九九九年）などがある。

世界中のマンガが集められているセリエテーケ館内

プやJファッションに移りつつある」と、店長のヤン・オーヴェ・和田（Jan Ove Wada）さんが教えてくれた。なるほど、「Neo Tokyo」には音楽雑誌やファッション雑誌の最新号が多く揃えられていて、日本びいきの若者のニーズにこたえていることが分かる。

「ウェブサイトで何でも手に入る時代だけれど、このお店に来て、実際に日本のグッズを見ながら、そして日本のお菓子を食べてみることで日本の文化に直に触れてほしい」と言うオーヴェ和田さんの店には、ポップカルチャーをきっかけに日本語を学びたくなった人のために日本語教材や辞書なども置いてあった。

オスロには、「セリエテーケ（Serieteket）」と呼ばれるコミック資料の収集と発信を目的としているマンガの専門図書館もあって、国内外のマンガが取り揃えられているが、とくに日本のマンガはたくさん所蔵されている。もちろん、貸し出しも可能となっている。

資料の提供だけでなくイベントにも力を入れており、マンガ家を招聘してさまざまなイベントを企画したり、児童と成人向けにアニメーション講座も開催している。また、自分が描いたマンガを持ち寄って批評しあうワークショップなどもあって、マンガ好きには目が離せない場所となっている。

**若き翻訳家が語る日本文化**

（吉田右子）

ヨーロッパでは、文学、サブカルチャーを中心とする日本文化が大流行している。なぜ、これほどまでに若い世代を中心にして日本文化が支持されているのだろうか。その疑問を解き明かしてくれるのに、もっともふさわしい人に会う機会に恵まれた。オスロ在住の、若き日本文学の翻訳家マグネ・トリング（Magne Tørring）さんである。

マグネさんは、一九七八年にトンスバルグ（Tønsberg）で生まれた。宣教師であった父親の仕事の関係で、一歳から九歳まで日本で過ごしたという経験をもっている。一六歳から独学で日本語の勉強をはじめ、その後、オスロ大学文化研究・東洋言語学部に入学し、交換留学生として早稲田大学に二度留学している。オスロ大学に提出した修士論文のテーマは「大江健三郎論」であった。

ちなみに、マグネさんの日本語は「堪能」というレベルを超えている。思わず、「幼少

マグネ・トリングさん

時に日本で過ごし、そのうえ三年間も東京で過ごせば、日本のことはもう何でも分かっているのでは？」と聞くと、「そんなことはありません。吸収しきれるものではありません。勉強すればするほど分からないことが増えてきます」という答えが瞬時に返ってきた。

翻訳家としての主な作品は、金原ひとみ氏の『蛇にピアス（Slanger, piercing）』（二〇〇六年）、村上春樹氏の『スプートニクの恋人（Elskede Sputnik）』（二〇一一年）、大原つぐみ氏の『Death Note』（二〇〇八年）などである。二〇一〇年には小林多喜二の『蟹工船（Krabbeskipet）』を北ノルウェーの方言を使って翻訳し、話題になった。また、二〇一二年一月に北海道商科大学で開催された「小樽小林多喜二国際シンポジウム」の「多喜二文学翻訳の可能性」と題された分科会で『蟹工船』についての発表を行っている。

村上文学からプロレタリア文学に及ぶマグネさんの翻訳作品群は一見するとランダムに感じられるのだが、そのことについて彼は次のように分析してくれた。

「ノルウェーで日本文化が積極的に紹介されるようになったとはいえ、日本はやはりとても遠い国で、実際にそこに何があるのかはノルウェーからはよく見えない。だから、時折、何かきらっと光るものがあるとみんなそこに注目する。自分が翻訳してきた作品は、そのような魅力をもつ作品です」

編集者がブックフェスティバルで発掘した作品を訳すこともあると言うマグネさんだが、結果として、今の日本を映し出す作品がこれまでの翻訳作品に並んでいると言える。

続いてマグネさんは、日本のポップカルチャーやサブカルチャーについてもノルウェーの状況を的確に解説してくれた。

「以前は一〇代の男性が支持していたブームですが、それはいまや一〇代の女性にまで及んでいます。オスロでもっとも大規模な、日本をはじめとするポップカルチャーの愛好家が集まるコスプレ大会『デスコン（desucon）』には、ノルウェー全土から三〇〇〇人以上の若者が集まっています」

「デスコン」の開催時期にオスロを歩くと、コスプレ装束の若者がたくさん歩いているそうだ。この大会では、コスプレ、講演会、映画上映会などが行われている。「デスコン」の特徴は、業界が主導するのではなく、あくまでもポップカルチャー愛好者が主催する自主的な集まりとなっており、商業マーケットとは無関係に実施されているところである。

ところで、現在はノルウェー語訳された日本のマンガは出版されていないため、愛好者は英語版や日本語版のマンガを入手するしか読む手立てがない。ノルウェーで刊行されるマンガは概して短く、数コマあるいは数ページしかなくて、子どもの読むものだと見なされている。それに比べて、日本のマンガはボリュームがあり、ストーリー性もかなり高く、内容に奥行きがある。たとえば、マグネさんが翻訳した『Death Note』は一二巻本だが、これでも日本のマンガでは短いほうである。とはいえ、マニアの関心は、いまやマンガ、アニメからJポップ、ドラマに移ってきているらしい。

こうした日本のサブカルチャーブームは、確実に日本語に関心をもつ人びとの裾野を広げてきたと言える。マグネさんがオスロ大学文化研究・東洋言語学部に入学した二〇〇一年当時は、日本文化ブームはまだ起きておらず、同じ学科の入学者は約二〇人だった。それが今では定員を超えるほどの人気が続いており、毎年新たに、定員の六〇人を超す学生が日本語を学びはじめている。

ただし、コースを終了したとしても、ノルウェーで日本語を生かした就職先を見つけるのはとても難しい。仕事を得るためには、「日本語の知識に加えて貿易関係、コンピュータ、文学など、プラスアルファの知識がどうしても必要になってくる」とマグネさんは分析している。とはいえ、日本関係の仕事がまったく閉ざされているかというと、決してそんなことはない。マグネさん自身、日本語の翻訳者として仕事を自ら開拓し、ノルウェーを代表する日本文学の翻訳者として活躍するようになったという経歴をもっている。

「ノルウェーで日本語を武器にして働いていくためには、待っていてはだめで、自分から仕事をつくっていくしかない」と、マグネさんは語っていた。

ちなみに、現在マグネさんは自ら起業し、翻訳を中心に日本語とノルウェー語にかかわる仕事を行っている。仕事の中心となる翻訳に関して言えば、マーケットがかぎられているため古典から近代・現代文学まで幅広く翻訳しなければならないのだが、マグネさんとしてはいろいろな種類の文学の翻訳を手がけている今のスタイルが気に入っているようだ。

ノルウェーの書店・図書館で必ず見かける村上春樹作品、マグネさんもシンプルな文体と深い内容をもつ村上文学に魅了されている。「一番好きな小説は『ノルウェーの森』で、短い文章のなかに幾重にも織り込まれ、文字としては書かれていないが奥深く存在する深い意味に引きつけられる」と、その魅力を語ってくれた。村上作品の特徴とも言える比喩をノルウェー語にするときには悪戦苦闘することが多いけれど、うまく翻訳できたときの喜びはひとしおだとか。

マグネさんはその場で、今まで苦労した作品中の比喩をすらすらと諳んじた。インタビューを終えて帰国した私が、すぐに『スプートニクの恋人』を再読し、マグネさんが苦労したという比喩の部分を確認したのは言うまでもない。

その後、マグネさんからメールで、現在の仕事のことや二〇一二年現在のポップカルチャーの様子をうかがうことができた。翻訳作品については、川上未映子[12]の『乳と卵』（文藝春秋、二〇〇八年）、そして諏訪哲志[13]の『アサッテの人』（講談社、二〇〇七年）が二〇一一年から二〇一三年にかけて出版されるそうである。

インタビューで触れていた「デスコン」だが、二〇一〇年以降、おたく文化だけでなく、映画の人気キャラクターを含むポップカルチャー全般を扱うようになったそうだ。二〇一二年六月に開催されたデスコン大会の参加者は五〇〇〇人余りで、北欧最大のポップカルチャー大会の位置を占めるようになったという。

マグネさんはそこで、「日本の書き言葉」というテーマで講演をしたようだ。日本アニメだけでなく、「スターウォーズ」や「ハリーポッター」のコスプレをしている若者が街なかで仲良く並んで歩いているのを見てマグネさんは、「ポップカルチャーは、いろんな意味で国境を超える力をもっているんだな」と改めて感慨にふけったそうである。

---

(12) 一九七六年生まれの作家・詩人。女優・ミュージシャンとしても活動する。『乳と卵』で第一三八回芥川賞を受賞。代表作に『わたくし率　イン　歯ー、または世界』（講談社、二〇〇七年）、『ヘヴン』（講談社、二〇〇九年）など。

(13) 一九六九年生まれの作家。愛知淑徳大学メディアプロデュース学部准教授。『アサッテの人』は第一三七回芥川賞と第五〇回群像新人賞のダブル受賞。代表作は『りすん』（講談社、二〇〇八年）、『ロンバルディア遠景』（講談社、二〇〇九年）。

終章

# ノルウェーの図書館を支える理念

## ―― 図書館のアイデンティティ

マグヌスセン矢部直美・吉田右子

オスロ大学人文社会学図書館入り口

ノルウェーの図書館は一九世紀中頃に現在の原型が固まり、社会のさまざまな影響を受けながら今日まで発展を続けてきた。その歩みは、図書館サービスの高度化と多様化の歴史でもある。

今日の図書館は、利用者の知的活動にかかわるさまざまな領域においてサービスをますます進化させている。その過程を見れば、図書館が設立されたころに掲げられていた「すべての人が無料で情報にアクセスする」という目標に到達したかのようである。しかしながら、二〇世紀も後半になってから、ノルウェーのなかで情報を十分に享受できていない新たなグループが存在するという事実が浮かび上がってきた。言うまでもなく、さまざまな理由でノルウェーに移住してきた移民のことである。

ノルウェーに定住した移民の数は、すでに約一三パーセントを占めるまでに至っている。にもかかわらず、社会的・文化的・言語的な障壁のために、移民グループは図書館サービスの恩恵を必ずしも十分には受けていないのである。インターネットが普及したおかげで誰もが自由に情報へアクセスできるようになったと思いがちだが、移民以外にも、社会的・経済的な理由から情報や文化へのアクセスが閉ざされている人びとがたくさんいる。しかも、そのような人びとの存在が豊かな社会のなかで見えにくくなっており、知識・文化・情報の格差が水面下で進行している。

ノルウェーの直面している問題は、世界にさまざまな文化的ギャップがあるかぎり、いかに時代が進もうとも図書館の役目は終わらないし、それどころか、図書館の役割が重くなることを示している。なぜなら、文化の格差を埋めるもっとも重要な役割を図書館が担っていると考えているからだ。「すべての住民に情報の公平なアクセスを確保する」ことは、これからも変わることなく図書館の理念であり続けるであろう。そして、文化の伝達者としての図書館員の果たす役割は、今まで以上に重要なものになる。

二〇一二年一〇月二二日から二三日にかけて、ベルゲン公共図書館（Bergen bibliotek）でユニークな会議が開かれた。「勇気——表現の自由会議（Mot:konferansen om ytringsfrihet）」というタイトルが付けられたこの会議は、「国際難民都市ネットワーク（ICORN: International Cities of Refuge Network）」と「ラフト財団（Raftostiftelsen）[1]」とノルウェー図書館協会、そして「ノルウェーペンクラブ（Norsk P.E.N）」との協賛で開かれた。

会議では、各国から集まった作家、ジャーナリスト、図書館関係者が言論の自由にかかわる問題（たとえば、検閲、報道の自由、マイノリティの発言など）についての議論を繰り広げた。このような会議を公共図書館が開催したこと自体、図書館がマイノリティの文化・言論を守っていく砦であるとの決意表明のように思える。

---

（1）ラフト財団は、ミャンマーの民主化運動指導者で国民民主連盟党首のアウン・サン・スーチー氏（Aung San Suu Kyi）に、ノーベル平和賞に先立ち、一九九一年に人権と民主主義の擁護者に贈るラフト人権賞（Rafto Prize for Human Rights）を授与した団体として知られる。

## 新しい仕組みにいち早く取り組むノルウェーの図書館

　ノルウェーは新しい制度を積極的に導入する国であるが、そのことは図書館分野にも及んでいる。そのため、図書館が今後生じるであろう問題にも北欧諸国の先頭を切って直面することになる。また、ほかの北欧諸国と同様、図書館の主たる役割が資料提供から利用者への文化の提供へというやや抽象的な目標へ移行していることによって、図書館自体のアイデンティティをどこに求めるのかということが問題になってきている。もちろん、メディア環境の急激な変化もまた、図書館のあり方を揺さぶる要因となっている。

　ある若手の図書館員は、次のように言っていた。

「正直言って、図書館の将来について、これから何が起こるか分かる人はいないと思う。とにかく、今は本当に変化の早い時代だから。電子書籍などの新しいメディアのことも考慮に入れて、図書館が早いスパンで変わっていかなければならないと考えています。そういうことを想像するのは、図書館員としても喜びです。でも……同時に今後五年くらいは、紙の本がまだ図書館の主流じゃないかと思うんです。というのも、電子書籍を好んで読む人もいるけれど、圧倒的多数の人は紙の本を求めていることが予想されますから」

　図書館の新たな方向性は、現場の職員配置の問題にも影響を与えている。ノルウェーでは、司書資格をもたない図書館のリーダーが増えているし、若い世代を館長に起用するコミューンも多い。第3章でも述べたように、公共図書館法の改正によって、館長が必ずしも図書館の専門家でなくてもよいことになった。

実際のところ、館長に対しては、図書館についての専門知識をもつ司書のスキルよりも、行政や文化政策に関する知識が問われるようになってきたのだ。もちろん、司書教育においても、こうしたテーマを扱う授業が加えられるようになった。今のところはまだ司書資格をもつ館長が主流であるが、徐々に行政学、経営学などの知識を有した専門職員が図書館長の職に就くようになるだろう。

図書館運営においてコミュニティーのほかの機関との連携や新たな経営手法の導入がこれまで以上に強く求められている現状を見ると、たしかに館長に求められる資質も変化せざるをえないだろう。しかし、図書館の現場では、まだまだ館長に司書としての資質を求める声が強い。現場の司書は、資料にかかわる専門家集団としての図書館の伝統を重視しており、自分たちのトップには、図書館のことがよく分かっている人物を置きたいと考えている。

司書資格をもたない館長や若い館長の起用、コンピュータゲームの積極的な導入など、ノルウェーの図書館サービスにかかわる実験的な試みの行く手をこれからも見守っていきたい。

## 図書館はなくならない

そろそろ、ノルウェーの図書館をめぐる旅も終わりに近づいてきたようだ。旅を終えるにあたって、「大学図書館はいらない」という大学教授の発言をめぐって起きた新聞紙上での論争に、私たちなりの答えを出す必要があるだろう。

投稿者の大学教授は、デジタル化を図書館の縮退に結び付けたわけだが、指摘されるような変化は、現実の図書館の世界においては当てはまらない部分がかなりある。大学生はデジタルな情報を使いこなしつつ、決してそれだけにとどまらず「建物がある」図書館のほうも熱心に利用しているのだ。メディアのもつ特性でもあるのだが、新しいメディアが古いメディアに取って代わることは決してない。新しいメディアは、常に、それまでのメディア世界に積み重なっていくものである。

実際に、大学生や研究者は、デジタル資料、紙の資料、そのほかのメディアのうち、必要に応じて一番適切なものを選択している。そもそも、大学関係者が来館しなくても質の高い資料を無料で利用できるのは、デジタル資料の購入・契約からユーザーインターフェイスの設計、メンテナンスに至るまで、すべてを図書館が行っているからである。

レファレンスカウンターでの相談業務など利用者に見えるサービスのことを図書館では「パブリック・サービス」と呼び、資料の組織化やデジタル化に伴う資料整備などを「テクニカル・サービス」と呼んでいる。図書館の業務は、実は表からは見えないテクニカル・サービスの部分がかなり占めているし、その比重はデジタル化の進展とともにますます高くなっている。

図書館は、表舞台に上らずに利用者サポートに徹することを信条としてきた。そのため、一般的には資料を集める場、静寂な空間に座って勉強をする場という印象を与えることが多かった。つまり、どちらかと言えば控え目なイメージを与える図書館だった。しかし最近は、図書館が生きた知を創出する場であることを知ってもらうため、オスロ大学図書館ではレクチャーや討論、時によってはパーティーのような催しを行ったりして、資料のなかに定着した過去の静的な知識だけでなく、今まさに息づいている動的な知識をも扱う場であることをアピールしている。その成果もあって、司書が知の世界をガイドする媒介者であると利用者も理解してくれるようになりつつある。

これからも、司書と図書館がメディアと情報と文化の仲介役を果たす構図は、メディアやテクノロジーがいかに変化しようとも簡単に変わることはないだろう。何よりも重要なのは、「図書館はたしかに必要だ」という答えを出したのが、私たち図書館の専門職ではなく図書館を利用している人びとだったということである。

そういえば、北欧の図書館先進国であるデンマークでは、最近「オープンライブラリー（Åbne biblioker）」と呼ばれる無人の図書館が増えているというニュースを耳にした。小規模な分館に職員を配置する時間を減らす代わりに、住民にいつでも好きな時間に自由に図書館を使ってもらう方法である。以前から大学図書館にはあったシステムだが、公共図書館では初めてである。

オープンライブラリーが増加している背景には、もちろん経費削減とかサービスの集中化などといった事情があって、これを「図書館の衰弱」と嘆く関係者も多い。だが私たちは、北欧のなかでも最先端を行くデンマークのこうした動向は、一〇〇年を経た北欧の図書館文化の成熟の証だと思っている。

図書館では、導入にあたって資料のダメージや器物の破壊などを危惧したのだが、そういう問題はほとんどないようだ。利用者は、時には一人で、そして仲間と自分たちの図書館の空間を楽しんでいる。ノルウェーでも、ショッピングセンターの中にある公共図書館が開館時間前でも入り口部分を開放し、利用者が朝早

住民が好きなときに使えるオープンライブラリー（ホアンベク図書館）

学生は大学図書館をとても頼りにしている

くから新聞を読んだり、借りた本が返却できるようにして、少しでも利用時間が長くなるような工夫をはじめている。

最先端の研究に従事する大学図書館の利用者も、小さな町の住民も、図書館界の思惑とは無関係に図書館を必要としているのだ。人は誰でも、自分だけの私的空間が必要であると同時に、みんなで集まって自由に過ごす公的なスペースが必要なのである(2)。また、図書館という空間には、司書によってそこかしこに文化の種が蒔かれている。そこに立ち寄った人は、知らず知らずのうちにその種を自らに取り込み、大切に育てていくことになる。

---

（2）図書館が資料提供の場から人びとの出合いの場へと移行しつつあることについて、図書館の実務家だけでなく研究者もまた多いに興味をもって研究を進めている。そのなかでも、オスロ・アーケシフス専科大学のラグナール・アウドゥンソン（Ragnar Audunson）教授のグループによって行われているプロジェクトはその代表格である。プロジェクトの名前は「場としての公共図書館——市民が活動する舞台」。場としての図書館の役割を、異なる文化背景をもつ利用者同士のコミュニケーションの可能性という面から検討し、多くの論文を発表している。（プレイス・プロジェクトの公式サイトより）https://www.cristin.no/as/WebObjects/cristin.woa/5/wa/presentasjonVis?pres=288092&type=PROSJEKT&la=no

（吉田右子）



# あとがき

ノルウェーでは、最先端の情報技術を駆使したサービスを展開する図書館に学ぶ点が多かったが、同時に、人びとが図書館という場所を通してつながりあっている場面に多々出合った。

本書を執筆中に繰り返して思い出したのは、「ここに来てくれた人が、ほんの少しでも満足して楽しい気持ちになって帰ってくれるのが私の目標です」という言葉だった。オスロから二時間近くも内陸に入った、冬には雪に埋もれて凍りついた湖の上にさえ雪が積もるという小さな町で、若き図書館長がインタビューの最後に笑顔でこう語ってくれた。

私たちの日々の営みは、多くの場合、それほどカラフルな刺激に満ちているわけではない。そんな淡々とした日々の繰り返しのなかで、ちょっとアクセントをつけるための場所、図書館はそんな日常的なメディアでいいと思う。でも、なかには、図書館の書架で特別の一冊を見つけて、それをきっかけに人生が大きく変わる人がいるかもしれない。夢を見る場所でもあり、夢を実現する場所でもある、それが図書館なのである。

本書を読み終わった読者が、「図書館はやっぱりこれからも必要なんだ」という思いを私たちと共有してくれたら望外の喜びである。そして、今日も図書館で利用者に文化を手わたしている人たちが、「文化の仲介者」という共通の理念でノルウェーの司書と精神的に結ばれていると感じていただければうれしさも倍増する。

図書館がなくなるとき……それは、私たちの社会から文化がなくなるときである。いったい、誰がそんなことを想像することができるのだろうか。

＊＊＊

ノルウェーの図書館について本を書きたいと思った最初のきっかけは、二〇〇八年九月にオスロ大学人文社会学図書館司書のマグヌスセン矢部のもとを訪ねたときのことである。北欧の図書館は半世紀近くも前から日本に熱心に紹介されてきたのだが、なぜかノルウェーの図書館だけは話題に上ることがあまりなく、ほとんど情報がないまま、まっさらな気持ちでノルウェーの図書館を訪ね歩いた。そこには、デンマークともスウェーデンとも違う魅力をもつ図書館の姿があった。

アンテナが立ったということなのだろうか、その後は「一つのカードであらゆる図書館の本が借りられる全国統一カードが発行された」とか「図書館から毎週詩が届く」という、ノルウェーの図書館についての刺激的なニュースが立て続けに聞こえてきた。世界を見わたしても、どこの図書館でも行っていないサービスに果敢に挑むノルウェーの図書館……。いまだ紹介されていないノルウェーの図書館の様子を、図書館関係者、そして北欧とノルウェーに関心がある日本の読者に伝えたいと思い、マグヌスセン矢部に本書の執筆をもちかけたところすぐに快諾を得て、本書の執筆を開始した。そして、二〇一一年八月、ノルウェーの図書館に的をしぼった調査に出掛けて、集中的に図書館訪問を重ねていった。

第5章を除く各章については、マグヌスセン矢部と吉田が協力して執筆した。5章は、北欧の図書館において最重要課題となっている多様な文化背景をもつ利用者に対するサービスについて、前作『読書を支えるスウェーデンの公共図書館』のときと同様、筑波大学大学院図書館情報メディア研究科博士後期課程に在籍中の和気尚美に執筆を依頼した。和気は現在、「デンマーク公共図書館における移民サービス」をテーマに留学先のコペンハーゲンで研究を続けている。

本書をまとめるにあたり、前著と同様、今回も草稿の段階から本の完成まで、株式会社新評論社長の武市一幸氏には数多くのアドバイスをいただいた。心からお礼を申し上げたい。また今回、残念ながら訪問調査ができなかったフィヨルド地方のブックボートの写真をソグン・オ・フョーラネ・フィルケ図書館のイングリ・ドラーゲ（Ingrid Dræge）さんから、北極圏の図書館の写真をアルタ図書館のスティーネ・イーレン・バッロヴァッレ館長からいただいた。お二人とも、「はるばる日本から私たちの図書館について尋ねてくれるなんて！」と驚きながら、すぐに写真を送ってくれた。それらの写真を見ながら、いつか白夜のフィヨルドを訪ねてブックボートに乗船し、厳寒期の北極圏でサーメの伝統音楽ヨイクを生で聴きたいと心から思った。

モーレ・オ・ロムスダール・フィルケ図書館（Møre og Romsdal fylkesbibliotek）の司書ヒルデ・メレーテ・イェッシング（Hilde Merete Gjessing）さんには公共図書館法の細かい部分についてアドバイスをいただいた。また、シリエ・ヤコブセンさんガイル・ノーダンゲルさん、マグネ・トリングさんにはインタビューに快く応じていただいた。自然科学図書館で行われている新しいプロジェクトについて教えていただき写真掲載を許可してくださったアンドレア・ガスパリーニ（Andrea Gasparini）さん、フレデリック・ユール（Fredrik Juell）さん、そして本書の企画をご理解いただき温かく見守ってくださったスヴェイン・エンゲルスタ（Svein Engelstad）さんにも感謝の気持ちを示したい。

最後に、二〇一一年七月二二日のストルテンベルグ首相による会見の転載を許可していただいた駐日ノルウェー王国大使館にもお礼を申し上げたい。

なお、本書の姉妹編に『読書を支えるスウェーデンの公共図書館』（新評論、二〇一二年）、『デンマークのにぎやかな図書館』（新評論、二〇一〇年）がある。本書を読んで北欧の図書館について興味をもたれた方は、ぜひあわせて読んでいただければと思う。

**謝辞**

本書では、独立行政法人・科学技術振興機構の月刊誌〈情報管理〉にマグヌスセン矢部が執筆した「ノルウェーの図書館における全国共通貸出カード」、「ノルウェーの学術リポジトリ」、「北欧の図書館ネットワーク」を、公益財団法人東京子ども図書館の季刊誌〈こどもとしょかん〉に吉田が執筆した「夢をみる・夢をかなえる：北欧三国の公共図書館」の一部を加筆修正して使用している。転載を許可してくださった科学技術振興機構および東京子ども図書館に感謝申し上げたい。

また本書は、文部科学省「大学教育の国際化加速プログラム」による研究滞在、および同省科学研究費補助金「基盤研究C」からの研究助成による研究成果の一部である。

# 文献案内

本書では、ノルウェーの公共図書館の状況をなるべく幅広く描くことに努めたが、すべての話題を扱っているわけではない。本書を読んで、ノルウェーの図書館および北欧の図書館に関心をもたれた方は、ぜひ参考文献にあたっていただきたい。また、北欧の図書館が世界に誇る障碍者サービスについては、財団法人日本障碍者リハビリテーション協会情報センターのウェブサイトに詳しく紹介されているので、そちらもあわせてご覧いただきたい。

## 1　北欧の図書館全般


・全国学校図書館協議会北欧学校図書館研究視察団編『北欧に見る学校図書館の活用』全国学校図書館協議会、二〇〇七年、一二七ページ。
・堤　恵「北欧の移民・難民への図書館サービス―スウェーデンとデンマークの事例から」『カレントアウェアネス』No.287、二〇〇六年、八～一〇ページ。
・図書館計画施設研究所編『Libraries in Finland & Sweden』（ＬＰＤシリーズ6、白夜の国の図書館パート1）図書館流通センター、一九九四年、二八八ページ。
・図書館計画施設研究所編『Libraries in Norway & Sweden』（ＬＰＤシリーズ7、白夜の国の図書館パート2）リブリオ出版、一九九六年、二〇七ページ。

・弥吉光長『北欧の公共図書館と生涯教育』日本図書館協会、一九九二年、一三〇ページ。
・吉田右子「北欧におけるマイノリティ住民への図書館サービス：デンマークとスウェーデンを中心に」『図書館界』Vol. 59、No. 3（336）、二〇〇七年九月、一七四〜一八七ページ。
・吉田右子「夢をみる・夢をかなえる：北欧三国の公共図書館」『こどもとしょかん』一三三号、二〇一三年四月、二〜一八ページ。
・和気尚美「複数の支援の網で支える高齢者の読書活動――スウェーデンの公共図書館」溝上智恵子・呑海沙織・綿抜豊昭編著『高齢社会につなぐ図書館の役割――高齢者の知的欲求と余暇を受け入れる試み』学文社、二〇一二年、四九〜六八ページ。

## 2　ノルウェーの図書館

・菊池佑「巻頭言　日本とノルウェーの患者図書館を見学して」『病院患者図書館』vol. 29, No.1、二〇〇六年七月、一〜一〇ページ。
・三上久代「5　NIE海外視察リポート（2）ノルウェー編　あたりまえの学校図書館に感激」『学校図書館』六一四号、二〇〇一年一二月、六八〜七〇ページ。
・マグヌスセン矢部直美「ノルウェーの図書館における全国共通貸出カード」『情報管理』Vol. 54, No. 4、二〇一一年七月、二一三〜二一七ページ。
・マグヌスセン矢部直美「ノルウェーの学術リポジトリ」『情報管理』Vol. 54, No. 8,

二〇一一年一一月、四九八～五〇二ページ。

・マグヌスセン矢部直美「北欧の図書館ネットワーク」『情報管理』Vol. 54, No.12、二〇一二年三月、八四八～八五二ページ。

・マグヌスセン矢部直美「ノルウェー（小特集：北欧のコミュニティと公共図書館）」『カレントアウェアネス』No. 295、二〇〇八年三月、一八～二〇ページ。

・矢部直美「9　図書館政策」『ノルウェーの社会：質実剛健な市民社会の展開』村井誠人・奥島孝康編、早稲田大学出版部、二〇〇四年、一六四～一七六ページ。

## 3　日本語に翻訳された主なノルウェー語文学作品（末尾に記されているページ数は総ページ数を表す）

・ヨハン・ボーイェル／内山賢次訳『ヴイキングの末裔』春陽堂、一九三三年、三三五ページ。

・アクセル・アクセルソン／宮原晃一郎訳『ネバダ號の小船長』主婦之友社、一九四一年、二八六ページ。

・マリー・ハムズン／石井桃子訳『小さい牛追い』岩波書店、一九五〇年、二六八ページ。

・マリー・ハムズン／石井桃子訳『牛追いの冬』岩波書店、一九五一年、二八四ページ。

・アルフ・プリョイセン／大塚勇三訳／ビョールン・ベルイ　画『スプーンおばさんのぼうけん』学習研究社、一九六八年、一七八ページ。

・カーリ・ヴィンイェ　文・絵／パブリュータ・裕子／イングリッド・アスケ／フロイラン・規子共訳

『カミラちゃんのおともだち』新生宣教団、一九九六年、一二七ページ。
・ヨナス・リー／中野善夫訳『漁師とドラウグ』国書刊行会、一九九六年、二〇五ページ。
・前田晁訳『キイランド短篇集』岩波書店、一九九六年、一六八ページ。
・ヨースタイン・ゴルデル／池田香代子訳『アドヴェント・カレンダー：二四日間の不思議な旅』日本放送出版協会、一九九六年、三一七ページ。
・ヨースタイン・ゴルデル／池田香代子訳『ソフィーの世界：哲学者からの不思議な手紙』日本放送出版協会、一九九六年、六六七ページ。
・アンネ・ホルト／柳沢由実子訳『土曜日の殺人者』集英社、一九九七年、三一一ページ。
・ヨースタイン・ゴルデル／池田香代子訳『鏡の中、神秘の国へ』日本放送出版協会、一九九七年、二一三ページ。
・アンネ・ホルト／柳沢由実子訳『女神の沈黙』集英社、一九九七年、四六〇ページ。
・エリック・フォスネス・ハンセン／村松潔訳『旅の終わりの音楽』新潮社、一九九八年、五八九ページ。
・ハルビヨルグ・ヴァッスムー／佐々田雅子訳『ノルウェーの汀の物語：ディーナの愛（上・下）』集英社、一九九八年、三七五ページ・三七五ページ。
・ヨースタイン・ゴルデル／須田朗監修／池田香代子訳『フローリアの「告白」』日本放送出版協会、一九九八年、二一三ページ。

・ペーター・クリステン　アスビョルンセン、ヨーレン　モー／米原まり子訳『ノルウェーの民話』青土社、一九九九年、三三七ページ。
・ヨースタイン・ゴルデル／猪苗代英徳訳『カエルの城』日本放送出版協会、一九九八年、一八一ページ。
・ハーラル・ストルテンベルグ／菱木晃子訳『バレエをおどりたかった馬』福音館書店、一九九九年、一二四ページ。
・アンネ・ホルト／柳沢由実子訳『悪魔の死』集英社、一九九九年、三七三ページ。
・ヘレーネ・ウーリ／福井信子訳『金曜日のアンナ：不思議なことばの世界へ』大修館書店、一九九九年、二二七ページ。
・トールモー・ハウゲン／木村由利子訳『トロルとばらの城の寓話』ポプラ社、二〇〇二年、三六一ページ。
・ヨースタイン・ゴルデル・クラウス・ハーゲルップ　著／猪苗代英徳訳『ビッビ・ボッケンのふしぎ図書館』日本放送出版協会、二〇〇二年、三三三ページ。
・ペーター・クリステン　アスビョルンセン、ヨーレン　モー／大塚勇三訳『ノルウェーの昔話』福音館書店、二〇〇三年、三九七ページ。
・アーレン・ロー／駒沢敏器訳『ナイーヴ・スーパー』日本放送出版協会、二〇〇三年、二三七ページ。
・リブ・フローデ／木村由利子訳／かみやしん・絵『すてねこタイガーと家出犬スポット』文研出版、

二〇〇三年、一六七ページ。
・トールモー・ハウゲン／山口卓文訳『ヨアキム』河出書房新社、二〇〇三年、二一二ページ。
・ヨースタイン・ゴルデル／猪苗代英徳訳『オレンジガール』日本放送出版協会、二〇〇三年、二三七ページ。
・トールモー・ハウゲン／山口卓文訳『夜の鳥』河出書房新社、二〇〇三年、一七七ページ。
・クリスティン・ヴァァラ／中川あゆみ訳『ガブリエル・アンジェリコの恋』ポプラ社、二〇〇四年、二二八ページ。
・リブ・フローデ／木村由利子訳／むかいながまさ・絵『キングゆうかい大作戦』文研出版、二〇〇四年、一七五ページ。
・ヨースタイン・ゴルデル／池田香代子訳『マヤ』日本放送出版協会、二〇〇五年、四六一ページ。
・ヨースタイン・ゴルデル／猪苗代英徳訳『サーカス団長の娘』日本放送出版協会、二〇〇五年、三四一ページ。
・イベン・サンデモーセ絵・文／小柳隆之訳『エングレペルス』、ネット武蔵野、二〇〇七年。
・トム・エーゲラン／アンデルセン由美訳『狼の夜：TV局ハイジャック（上・下）』扶桑社、二〇〇八年、三九七ページ・三六九ページ。
・ジョー・ネスボー／井野上悦子訳『コマドリの賭け（上・下）』武田ランダムハウスジャパン、二〇〇九年、四四四ページ・三四四ページ。

・クヌート・ファルバッケン／枇谷玲子訳／秋草愛・絵『くまのバルデマール：ぼくって、サイコー！』文研出版、二〇一〇年、一一九ページ。
・ペール・ペッテルソン／西田英恵訳『馬を盗みに』白水社、二〇一〇年、二六一ページ。
・グロー・ダーレ／大島かおり・青木順子共訳／スヴァイン・ニーフース絵『パパと怒り鬼：話してごらん、だれかに』、ひさかたチャイルド、二〇一一年、三九ページ。
・マリア・パル／松沢あさか訳／堀川理万子・絵『ぼくたちとワッフルハート』さ・え・ら書房　、二〇一一年、二三九ページ。
・カリン・フォッスム／成川裕子訳『湖のほとりで』ＰＨＰ研究所、二〇一一年、五一七ページ。
・オーシル・カンスタ・ヨンセン作・絵／ひだにれいこ訳『キュッパのはくぶつかん』福音館、二〇一二年、三二ページ。

# 索　引

## 著者紹介

**Magnussen 矢部直美**（マグヌスセン・やべ・なおみ）

1959年、大阪府生まれ。

1983年、立教大学文学部日本文学科卒業（司書資格取得）。

1987年、玉川大学通信教育学科（小学校教諭免許取得）。

1985年－1991年　立教女学院小学校勤務（司書教諭）この間、東京子ども図書館「お話の講習会」を受講。

1991年－1992年　ノルウェー政府奨学生としてオスロ大学人文学部に在学。

1998年、オスロ大学人文学部　Cand.mag.　取得（民俗学）。

2004年、オスロ・ユニバーシティー・カレッジ（司書資格取得）。

1998年からオスロ大学人文学社会学図書館勤務。東アジア関係資料等担当。シニアライブラリアン。主な著作に、村井誠人他編『ノルウェーの社会』早稲田大学出版、2004年（「図書館政策」執筆）、S. Bransæter & S. Engelstad ed., *Kunnskap-samlinger-mennesker*, Oslo University Library, 2011年（"Universitetsbibliotekets Østasiatiske samling"を分担執筆）。

**吉田右子**（よしだ・ゆうこ）

1963年、東京都生まれ。

1992年、図書館情報大学大学院修士課程修了。

1997年、東京大学大学院教育学研究科博士課程単位取得退学。

図書館情報大学助手を経て現在、筑波大学大学院図書館情報メディア研究科教授（公共図書館論）。主な著作に『メディアとしての図書館：アメリカ公共図書館論の展開』（日本図書館協会、2004年）、『デンマークのにぎやかな公共図書館：平等・共有・セルフヘルプを実現する場所』（新評論、2010年）がある。2008年８月から2009年３月までデンマーク王立情報学アカデミー客員研究員。

**和気尚美**（わけ・なおみ）
1983年、埼玉県生まれ。
2011年、筑波大学大学院図書館情報メデイア研究科博士前期課程修了。
2013年現在、筑波大学大学院図書館情報メデイア研究科博士後期課程在籍、デンマーク政府奨学生としてデンマーク王立情報学アカデミーへ留学中。研究分野はエスニック・マイノリテイの公共図書館利用。主な著作に小林ソーデルマン淳子、吉田右子、和気尚美著『読書を支えるスウェーデンの公共図書館：文化・情報へのアクセスを保障する空間』（新評論、2012年）（第５章担当）、溝上智恵子ほか編著『高齢社会につなぐ図書館の役割：高齢者の知的欲求と余暇を受け入れる試み』（学文社、2012年）（第３章担当）がある。

**文化を育むノルウェーの図書館**
**――物語・ことば・知識が踊る空間――**

2013年5月10日　初版第1刷発行

著者　マグヌスセン矢部直美
　　　吉田右子
　　　和気尚美

発行者　武市一幸

発行所　株式会社　新評論

〒169-0051
東京都新宿区西早稲田3-16-28
http://www.shinhyoron.co.jp

電話 03(3202)7391
FAX 03(3202)5832
振替・00160-1-113487

印刷　フォレスト
製本　清水製本所
装丁　山田英春
写真　マグヌスセン矢部直美
　　　吉田右子
　　　和気尚美
（但し書きのあるものは除く）

落丁・乱丁はお取り替えします。
定価はカバーに表示してあります。



Printed in Japan
ISBN978-4-7948-0941-4

## 新評論　好評既刊

---

A.H.アンドレセン＋B.ヘルゲンセン＋M.ラーシェン／中田麗子 訳

### 新しく先生になる人へ

**ノルウェーの教師からのメッセージ**

希望と不安を胸に生徒、保護者、同僚と出会う新任教師へのエール。

[四六並製　204頁　1890円　ISBN978-4-7948-0785-4]

L.リッレヴィーク 文／K.O.ストールヴィーク 写真／井上勢津 訳

### わたしだって、できるもん！

ダウン症の少女の成長記録から見えてくるノルウェーの共生の理念。

[A5並製　156頁オールカラー　1890円　ISBN978-4-7948-0788-5]

F.エルスタ／田村哲雄 訳

### 評伝 エレン・グルブランソン

**グリーグとコジマ・ヴァグナーを魅了した北欧のプリマ・ドンナ**

不世出の「ドラマティック・ソプラノ」と呼ばれた歌手の波乱の生涯。

[四六上製　304頁　2625円　ISBN4-7948-0658-2]

松岡洋子

### デンマークの高齢者福祉と地域居住

**最期まで住み切る住宅力・ケア力・地域力**

ケアの軸を「施設」から「地域」へ！「地域居住継続」の先進事例。

[四六上製　384頁　3360円　ISBN4-7948-0676-0]

S.ジェームズ&T.ラーティ／高見幸子 監訳・編著／伊波美智子 解説

### スウェーデンの持続可能なまちづくり

**ナチュラル・ステップが導くコミュニティ改革**

過疎化、少子化、財政赤字…「持続不可能性」解決のための事例集。

[A5並製　284頁　2625円　ISBN4-7948-0710-4]

＊表示価格はすべて消費税（5%）込みの定価です。